Wieviel Pluralität
verträgt die Diakonie?

Wieviel Pluralität
verträgt die Diakonie?

herausgegeben von
Christian Albrecht

Mohr Siebeck

Christian Albrecht, geboren 1961, ist Professor für Praktische Theologie an der Evangelisch-theologischen Fakultät der Ludwig-Maximilians-Universität München.

ISBN 978-3-16-152816-3

Die Deutsche Nationalbibliothek verzeichnet diese Publikation in der Deutschen Nationalbibliographie; detaillierte bibliographische Daten sind im Internet über *http://dnb.dnb.de* abrufbar.

© 2013 Mohr Siebeck Tübingen. www.mohr.de

Das Werk einschließlich aller seiner Teile ist urheberrechtlich geschützt. Jede Verwertung außerhalb der engen Grenzen des Urheberrechtsgesetzes ist ohne Zustimmung des Verlags unzulässig und strafbar. Das gilt insbesondere für Vervielfältigungen, Übersetzungen, Mikroverfilmungen und die Einspeicherung und Verarbeitung in elektronischen Systemen.

Das Buch wurde von Martin Fischer in Tübingen aus der Minion-Pro gesetzt, von Gulde-Druck in Tübingen auf alterungsbeständiges Werkdruckpapier gedruckt und von der Buchbinderei Nädele in Nehren gebunden.

Vorwort

Seit gut zehn Jahren treffen sich, stets am Buß- und Bettag, in der Evangelischen Akademie in Tutzing Führungskräfte aus diakonischen Einrichtungen, um mit dem nötigen Abstand zum Tagesgeschäft über grundsätzliche Fragen ihrer alltäglichen Arbeit nachzudenken. Zumeist geht es dabei um Problemstellungen, die zwar den Arbeitsalltag grundlegend mitbestimmen, für deren Reflexion im laufenden Betrieb jedoch häufig die Zeit und manchmal auch die nötigen Anregungen fehlen. Bisweilen müssen Probleme genauer beschrieben werden, gelegentlich müssen Begründungen für diese oder jene Praxis verfeinert werden, von Zeit zu Zeit müssen auch eingespielte Selbstverständlichkeiten in Zweifel gezogen werden. Dazu kommen, auf Einladung der drei großen diakonischen Unternehmen in Bayern – dem Augustinum, der Diakonie Neuendettelsau und der Rummelsberger Diakonie – diakonische Praktiker mit Fachwissenschaftlern, Kirchenvertretern, Politikern und anderen Personen des öffentlichen Lebens zusammen. Planung und Leitung sind dem Inhaber des Lehrstuhls für Praktische Theologie an der Evangelisch-theologischen Fakultät der LMU München anvertraut.

Das Bußtagstreffen 2012 war der Frage nach der Pluralitätsfähigkeit der Diakonie gewidmet. Religionssoziologische Realitätswahrnehmungen, die Beschreibung von Möglichkeiten und Grenzen kirchenrechtlicher Gestaltungsspielräume und die Suche nach theologischen Argumentationen griffen ineinander. Die Veranstalter sowie die Beiträger haben sich entschlossen, einige der diskutierten Überlegungen zu veröffentlichen und damit einem größeren Kreis von Interessierten zugänglich zu machen.

Allen Beteiligten gilt der Dank für das engagierte Gespräch. Dem Verlag Mohr Siebeck ist für die Aufnahme des Bandes in das Verlagsprogramm zu danken – und dem Augustinum, der Diakonie Neuendettelsau sowie der Rummelsberger Diakonie dafür, dass sie über die Tagung hinaus auch diese Publikation finanziell großzügig unterstützten.

München, am 21. April 2013   Christian Albrecht

Inhalt

Vorwort.................................... V

Zur Einführung in die Themenstellung 1

Alexander-Kenneth Nagel
Pluralisierung als Chance. Religionssoziologische
Perspektiven für eine „diverse Diakonie" 11

Hans Michael Heinig
Kirchenrechtliche Herausforderungen für die
Diakonie im Horizont religiöser Pluralisierung
und Säkularisierung 35

Christian Albrecht
Glaubwürdigkeit auf der Grenze.
Theologische Überlegungen zur protestantischen
Identität der Diakonie im Kontext religiöser und
kultureller Pluralität 65

Christian Albrecht
„Dienstgemeinschaft". Zur Pluralitätsfähigkeit
einer diakonischen Pathosformel 93

Anmerkungen 109
Personenverzeichnis 121
Autoren................................... 123

Zur Einführung in die Themenstellung

Christian Albrecht

Wieviel Pluralität verträgt die Diakonie? Die Frage nach der Notwendigkeit und nach den Problemen einer interkulturellen und interreligiösen Öffnung der Diakonie ist gegenwärtig zwar höchst aktuell, aber sie wird zumeist in einer recht begrenzten Perspektive diskutiert.

Die Konjunktur des Themas zeigt sich, rein äußerlich, am leichtesten durch einen Blick auf die Ebene des Diakonischen Werks des EKD. In den vergangenen sechs Jahren wurden dort vier große Texte zum Thema veröffentlicht. 2007 erschien die Rahmenkonzeption „Diakonie in der Einwanderungsgesellschaft" unter dem Titel „Mitten im Leben".[1] 2008 folgte eine *Handreichung* zum Thema „Interkulturelle Öffnung".[2] 2010 war schon eine Übersicht über die inzwischen kaum noch überschaubaren *Stellungnahmen und Arbeitshilfen* notwendig[3] und 2011 folgte eine Dokumentation der zahlreichen *Initiativprojekte* interkultureller Öffnung.[4] Auf der Ebene der diakonischen Landesverbände ergibt sich das gleiche Bild eines regelrechten Booms dieses Themas.

Zugleich sieht man aber schnell, dass diese Überlegungen zur interkulturellen Öffnung unter einer thematischen Engführung leiden. Denn die Aufmerksamkeit gilt fast ausschließlich der diakonischen Arbeit mit Migranten oder mit Menschen, die durch einen Migrationshintergrund geprägt sind. So bedeutsam das ist, so wenig ist damit der einzige Ort und die einzige Form interkultureller Öffnung der Diakonie erfasst. Die Herausforderungen der Diakonie durch zunehmende religiöse und kulturelle Pluralität sind doch sehr viel breiter und reichen sehr viel tiefer in das Selbstverständnis der Diakonie. Das soll, in dieser Einführung, kurz erläutert werden.

Zwar ist es selbstverständlich richtig, dass die mit der kulturellen und religiösen Pluralität gegebenen Herausforderungen der Diakonie zuerst im Blick auf die *Klienten* sichtbar werden. Und ein weiteres ist richtig: es sind zuerst Klienten mit Migrationshintergrund, die hier in den Blick kommen. Circa zehn Prozent der Kinder in diakonischen Kindergärten und Kindertagesstätten sind muslimische Kinder, heißt es dann regelmäßig.[5] Und auch wenn diese Quote heute noch erst vor allem in den Arbeitsbereichen der Kinder- und Jugendhilfe gegeben ist, so ist doch klar, dass sie binnen kurzem für weitere, ja für alle Felder der Diakonie gelten wird: Auch die diakonischen Krankenhäuser, Pflegestationen und Altenpflegeeinrichtungen werden zunehmend von Menschen mit Migrationshintergrund in Anspruch genommen. Der Blick auf die Kinder bedeutet also eine Verengung. Verengend ist außerdem der Blick auf die

Zur Einführung in die Themenstellung

Muslime. Denn damit wird doch nur ein kleiner Ausschnitt derjenigen Klientel erfasst, die eine religiöse und kulturelle Öffnung der Diakonie notwendig macht. Zunehmend zählen auch konfessionslose Menschen zu den Klienten der Diakonie, in allen Arbeitsbereichen und in allen Regionen, nicht nur in Ostdeutschland. Auch sie prägen ein Klima religiöser und kultureller Pluralität, auf das die Diakonie sich einstellen muss. Und wenn man dann weiter an die diakonische Aussiedlerarbeit denkt, wird schnell klar, dass die Diakonie sich hier nicht nur auf die kulturellen und religiösen Profile von politischen Flüchtlingen, Asylsuchenden und politisch Verfolgten einstellen muss, sondern es vielfach auch mit den nicht immer ganz leicht zu verstehenden und zu integrierenden Formen des evangelischen Christentums von Spätaussiedlern zu tun hat. Sie sind *deutsch* und sie sind *evangelisch* – und stellen gleichwohl eine Herausforderung für die religiöse und kulturelle Offenheit der Diakonie dar.

Schon dann, wenn man lediglich auf die Klienten der Diakonie blickt, wird klar, wie schillernd die religiöse und kulturelle Pluralität ist, zu der die Diakonie ein Verhältnis gewinnen muss. Die Aspekte der Pluralität werden nun aber noch zahlreicher, wenn man sich klarmacht, dass diese kulturelle und religiöse Pluralität ja nicht nur unter den Klienten der Diakonie herrscht, sondern zweitens auch unter den *Mitarbeitern* der Diakonie. Mitarbeiter der Diakonie sind schon lange nicht mehr selbstverständlich evangelisch gebunden, sondern gehören ganz unterschiedlichen Glaubensgemeinschaften an, vor allem aber sind sie häufig konfessionslos. Und die Gründe dafür sind bekanntlich wiederum ganz unterschiedlich. Noch relativ unproblematisch ist das seltene Phänomen, dass zum Beispiel in diakonischen Betreuungsprojekten für Migranten gezielt Mitarbeiter mit nichtchristlicher Religionszugehörigkeit gesucht und eingestellt werden, weil man ihnen und nur ihnen das nötige religiöse und kulturelle Feingefühl zutraut, das gebraucht wird, um das Vertrauen der Klientel mit Migrationshintergrund zu gewinnen. Weitaus schwieriger ist das notorische Problem des Arbeitskräftemangels ganz unten, im Reinigungsbereich, und ganz oben, bei den hochqualifizierten Ärzten, das es nahelegt, auf die Einhaltung der ACK-Klausel zu verzichten, um überhaupt entsprechende Mitarbeiter zu gewinnen. Noch einmal anders gelagert und in gewisser Weise dramatischer sind die Gründe für die fehlende kirchliche Bindung der Mitarbeiter in weiten Teilen Ostdeutschlands. Hier greifen die Entkirchlichung und die soziale sowie demographische Problematik in einer bizarren Weise ineinander. Während der Bedarf an diakonischer Arbeit wächst, gibt es kein breites volkskirchliches Milieu mehr, aus dessen Reservoir die Diakonie ihre Mitarbeiter gewinnen könnte. In einigen Einrichtungen in Ostdeutschland liegt die Quote der konfessionslosen Mitarbeiter inzwischen bei 50 Prozent – trotz nomineller Geltung der ACK-Klausel. Das heißt: das diakonische Profil der Einrichtungen muss erkennbar gemacht und gepflegt werden mit einer immer größer werdenden Zahl von Mitarbeitern auf nahezu allen Ebenen außer den Leitungsebenen, die statistisch gesehen zu den Konfessionslosen gezählt werden müssen. Das ist zwar keine ganz neue, aber doch eine relativ große Herausforderung für die Diakonie: Sie muss ein konstruktives Verhältnis zur religiösen, weltanschaulichen und kulturellen Pluralität ihrer Mitarbeiter gewinnen.

Nicht nur auf die Klienten, auch auf die Mitarbeiter muss der differenzierte Blick sich mithin richten. Aber dann gibt es schließlich noch eine dritte Gruppe, seitens derer der Diakonie der konstruktive Umgang mit religiöser und kultureller Pluralität abverlangt wird. Dies sind die *Kooperationspartner* der Diakonie. Es ist ganz unvermeidlich, dass die Diakonie zunehmend Partnerschaften eingeht mit Sozialdienstleistern und Hilfsunternehmen, die anderen religiösen oder weltanschaulichen Bindungen entstammen. Und ganz gleich, ob eine operative oder eine strategische Kooperation angestrebt wird: stets muss die Diakonie sich doch irgendwie ins Verhältnis setzen zu den jeweiligen kulturellen und religiösen Ausrichtungen der Kooperationspartner. Die sind höchst verschieden. Und darum ist kein Kooperationsverhältnis wie das andere. Es ist ein Unterschied, ob Diakonie und Caritas in gemeinsamer Lobbyarbeit das Sozialstaatsgebot des Grundgesetzes verteidigen oder ob die Diakonie in München gemeinsam mit der AWO ein Pflegezentrum baut oder ob in Syrien die Diakonie gemeinsam mit Islamic Relief Flüchtlinge betreut.

Damit sind notwendige Ausweitungen der Fragestellung angedeutet. Das Thema kultureller und religiöser Pluralität taucht für die Diakonie nicht nur im Blick auf Migranten auf, wie die eingangs genannten Texte suggerieren, sondern es taucht auch gegenüber anderen Klientengruppen auf – und mehr noch: es ist ein Thema auch im Verhältnis zu Mitarbeitern und zu Kooperationspartnern.

Aber damit immer noch nicht genug. Ein weiterer Punkt scheint mir von einiger Bedeutung, und auf ihn soll in dieser Einführung auch noch kurz hingewiesen werden. In den eingangs genannten Veröffentlichungen spiegelt sich ein problematisches Phänomen, das im diakonischen Denken recht weit verbreitet sein dürfte, nämlich die relative schematische Vorstellung von dem *Fremden*, das mit dem *Eigenen* ins Gespräch gebracht werden müsste. Da ist zum Beispiel die Rede davon, dass die Diakonie seit Jahrzehnten das Eintreten für die Fremden wahrnehme[6] oder dass die Diakonie es als ihre Aufgabe verstehe, ein respektvolles Kennenlernen des Fremden und ein friedliches Zusammenleben mit dem Fremden zu fördern[7] oder dass die Diakonie, weil sie Anwalt für die Fremden sei, auch einen besonderen Auftrag zur Integration des Fremden habe.[8] So richtig das alles ist und so richtig es insbesondere im Blick auf aktive Angehörige von Minderheitenreligionen ist, die im Umfeld von aktiven Anhängern einer Mehrheitsreligion Fuß fassen wollen, so wenig taugt diese schlichte Entgegensetzung als Muster der vielbeschworenen interkulturellen Öffnung, als Denkmodell einer Selbstverortung der Diakonie im Horizont kultureller und religiöser Pluralisierung. Religionswissenschaftler und Sozialwissenschaftler bemühen sich seit langem um die Schärfung des Bewusstseins dafür, dass es diese distinkte Grenze zwischen dem Eigenen und dem Fremden als zwei klar abgeschlossenen Entitäten im Zeitalter religiöser und kultureller Globalisierung so nicht gibt.[9] Religiöse Zugehörigkeit ist lebensweltlich gebunden und zudem vielfach verflochten mit anderen identitätsbestimmenden Selbstzuschreibungen. Es ist doch – schon auf rein religionskultureller Ebene – durchaus wahrscheinlich, dass sich für eine evangelische Schülerin die Präsenz ihrer muslimischen Banknachbarin viel selbstverständlicher anfühlt als die Begegnung mit einem afrikanischen Christen. Noch poröser wird die Vorstellung distinkter Fremdheit, wenn man sich klar macht, dass es infolge der kulturellen Globalisierungsdynamik insbesondere jüngeren Menschen immer schwerer fallen dürfte, zwischen Eigenem und Fremden so schematisch zu unterscheiden, wie es zum Beispiel in der Rahmenkonzeption „Mitten im Leben" vorausgesetzt wird. Gibt es sie denn überhaupt so eindeutig, die „kulturell Anderen", von denen dort emphatisch die Rede ist, und gibt es diese kulturell Anderen gar so, dass sie sich gern zum Gegenstand der angestrebten „Inklusion" machen lassen wollen, wie es einige Zeilen später ausdrücklich heißt?[10] Vielmehr müsste man doch sagen, dass dem globalen Religions- und Kulturwandel eine Tendenz zur Hybridisierung zuzeigen ist, die diese eingespielten Denkschemata längst obsolet erscheinen lässt. Das Fremde ist nicht mehr einfach als das Jenseitige des Eigenen zu lokalisieren, als dessen Gegenüber, sondern das Fremde ist dem Eigenen in vielfältiger und widersprüchlicher Weise inhärent. Wo immer sich heute Menschen unterschiedlicher religiöser oder kultureller Prägung begegnen, wird ihr Umgang miteinander doch nicht mehr bestimmt durch die Schockerfahrung des Fremden, mit dem man sich plötzlich konfrontiert sähe. Längst ist jedem von uns das Fremde bereits zueigen, vermittelt durch eine undurchsichtige Melange aus persönlichen Vorerfahrungen, angeeigneten Kenntnissen, biographischen Bezügen, kulturellen Prägungen, medial vermittelten Bildern, konventionellen Stereotypen und anderem mehr. Diese Präsenz darf nicht spannungslos gedacht werden, und es ist davon auszugehen, dass sie im Zuge des globalen Kulturwandels weiter an Komplexität und Ambivalenz gewinnen wird. Darum besteht die Aufgabe interkultureller Öffnung viel weniger in irgend einer angeblich notwendigen Inklusion oder Integration, sondern viel mehr darin, der je und je hybriden Präsenz des Fremden im Eigenen zu stärkerem Bewusstsein und besserem Ausdruck zu verhelfen. Das wäre also ein weiteres Moment der dringend notwendigen Öffnung des Themas: das Muster einer allzu schlichten Entgegensetzung des Eigenen und des Fremden zu überwinden.

Zusammengefasst gesagt: Wenn die Diakonie im Horizont kultureller und religiöser Pluralität zum Thema wird, dann ist also stets zwischen einer solchen Pluralität bei den Klienten, bei den Mitarbeitern und bei den

Zur Einführung in die Themenstellung

Kooperationspartnern zu unterscheiden. Und es muss dabei stets präsent gehalten werden, dass die Idee eines übersichtlichen Gegensatzes zwischen dem Eigenen und dem Fremden längst eine Illusion geworden ist. Daraus ergeben sich einige konkretere Fragen, denen in den folgenden Beiträgen nachgegangen wird.

Zunächst beleuchtet *Alexander-Kenneth Nagel* aus religionssoziologischer Perspektive die Frage nach kultureller und religiöser Pluralität. Seine Bestandsaufnahme ist geleitet von zwei Fragen: Worin liegen die religionssoziologischen Voraussetzungen interreligiöser Sozialarbeit? Und was könnte in religionssoziologischer Hinsicht die besondere Aufgabe der Diakonie sein?

Zu den Rahmenbedingungen der diakonischen Arbeit zählt insbesondere auch der Umstand, dass sie im Spannungsfeld zwischen staatlichem Recht und kirchlichem Recht sich vollzieht. *Hans Michael Heinig* fragt danach, welche Regelungen staatlichen und vor allem kirchlichen Rechts die Selbstverortung der Diakonie im Horizont religiöser und kultureller Pluralität bestimmen – sei es erleichternd, sei es behindernd.

Alle Überlegungen werden in irgendeiner Weise die Frage nach dem Selbstverständnis der Diakonie enthalten – aber nicht nur das: sie werden, gerade weil sie aus dem Kontext religiöser Pluralität entwachsen, die Frage nach dem spezifisch theologischen Selbstverständnis der Diakonie im Horizont dieser Pluralität stellen. Überlegungen dazu trägt *Christian Albrecht* vor, indem einige reformatorische Bestimmungen über die Kirche und die Bedingungen für die Zugehörigkeit zur Kirche auf die Diakonie bezogen werden. Zudem wird der aufgeladene Begriff der „Dienstgemeinschaft", der für das Selbstverständnis der Diakonie zentral ist, auf seine theologischen Gründe und Grenzen hin diskutiert.

Die Beiträge dieses Bandes beschreiben also einen Bogen von der religionssoziologischen Bestandsaufnahme über die Beleuchtung der juristischen Rahmenbedingungen hin zu theologischen Begründungen. Dahinter steht die Überzeugung, dass die Diakonie unter den gegenwärtigen Bedingungen notwendigerweise ein selbstbewusstes Verhältnis zur religiösen und kulturellen Pluralität gewinnen muss – dass sie ein solches selbstbewusstes Verhältnis aber ausschließlich aus theologischen Gründen gewinnen kann: aus theologischen Gründen, die erklären, warum Offenheit und evangelische Identität der Diakonie keinen Widerspruch bilden, sondern warum Offenheit ein konstitutives Merkmal evangelischer Identität darstellt.

Pluralisierung als Chance

Religionssoziologische Perspektiven
für eine „diverse Diakonie"

Alexander-Kenneth Nagel

Im folgenden Beitrag sollen einige religionssoziologische Hintergründe und Perspektiven einer „diversen Diakonie" vorgestellt werden. Leitend ist die These, dass die Diakonie aus der religiösen Pluralisierung einen Nutzen ziehen kann, wenn und soweit sie religiöse Vielfalt und Religionskontakte durch interreligiöse Arbeit aktiv mitgestaltet.

Den Einstieg sollen zwei bildliche Eindrücke zur religiösen Pluralisierung machen.

Das erste Bild zeigt eine Prozession tamilischer Hindus im Gewerbegebiet Hamm-Uentrop. Auf der einen Seite sieht man den Zug der Gläubigen und den reich geschmückten Prozessionswagen. Darauf thront, im festlichen Ornat kaum zu erkennen, die Statue der Göttin Kamadchi. Auf der anderen Seite dann der Kontrast: Die kahle Leitplanke einer westfälischen Landstraße, Felder und im Hintergrund hoch aufragende Fabrikschlote. Auch einen Rahmen hat das Bild: Es handelt sich um ein Plakat im Rahmen der Imagekampagne

für die Kulturmetropole Ruhr. „Zukunft braucht Herkunft", verkündet ein Banner, um stolz zu ergänzen: „Bei uns kommt sie aus 170 Nationen". Als Bildunterschrift fungiert der allgemeine Slogan der Kulturmetropole, der sich in diesem Zusammenhang etwas zynisch ausnimmt: „Wo das geht, geht alles."

Das Bild verweist auf grundsätzliche Zusammenhänge von Migration und religiöser Pluralisierung. Es macht deutlich, dass Wanderungsbewegungen, in diesem Falle die Flucht vor dem Bürgerkrieg auf Sri Lanka, maßgeblich zur religiösen Pluralisierung in der Aufnahmegesellschaft beitragen: Auch wenn Religion nicht das Migrations*motiv* darstellt, haben Migranten ihre Religion doch „im Gepäck" dabei.[1] Die Etablierung von Religionsgemeinschaften und die Errichtung religiöser Gebäude wie dem Sri-Kamadchi-Ampal-Tempel in Hamm (dem größten Hindutempel Kontinental-

Pluralisierung als Chance

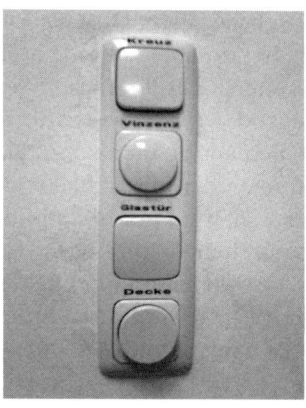

europas) ist als sichtbares Zeichen des Ankommens zu verstehen.[2] Gleichzeitig ist offensichtlich, wie religiöse Vielfalt als regionale Ressource sowie Standortfaktor erkannt und vermarktet wird.

Das zweite Bild führt in einen interreligiösen Aufbahrungsraum im St. Josef-Hospital in Bochum. Der Raum befindet sich im Untergeschoss des Krankenhauses direkt neben dem Kühlraum und bietet die Möglichkeit, Abschied zu nehmen von verstorbenen Angehörigen. Das dominierende Element des Raumes ist eine blaue Holzwand mit ausgestanztem Kreuz. Zur Rechten ist ein Buntglasbild des Heiligen Vinzenz angebracht und auf der linken Seite eine Glasscheibe mit Symbolen verschiedener Weltreligionen: Judentum, Christentum und Islam sowie Buddhismus und Hinduismus. Die religiöse Prägung des Raumes können die Nutzer durch die Lichtregie nach ihren persönlichen Bedürfnissen gestalten. Die entsprechende Lichtschalterbatterie wirkt dabei wie eine Metapher für das interreligiöse Konzept des Raumes:

Da ist zunächst der Kippschalter für das Kreuz, das man bei Missfallen ausschalten kann. Darunter befindet sich ein Dimmer, der mit „Vinzenz" überschrieben ist und mit dem man das Buntglasbild des Heiligen je nach ökumenischer Gemütslage weg- oder dazudimmen kann. Ein weiterer Kippschalter mit der prosaischen Aufschrift „Glastür" erlaubt schließlich, die interreligiöse Glasscheibe zu beleuchten, um auf diese Weise religiöse Vielfalt Einzug halten zu lassen.

Interreligiosität durch das Ausschalten oder Ausblenden des Anderen? Auf den ersten Blick mag das Konzept des Aufbahrungsraumes ein wenig schematisch und ungelenk erscheinen. Dennoch ist es letztlich ein Beispiel für die vielfältigen Antworten und Akkommodationsleistungen der Aufnahmegesellschaft, die in der erhitzten Debatte über „Integrationsverweigerung" und „Ausgrenzung" leicht untergehen. Wir müssen anerkennen: Im Land der Reformation hat man nicht nur die Bereitschaft, sondern auch die Erfahrung, Geltungsbedürfnisse religiöser Minderheiten zu akzeptieren und ihnen entgegenzukommen.

Diese Eindrücke umreißen das gesamtgesellschaftliche Spannungsfeld, in dem sich auch die Diakonie bewegt: Zum einen gilt es, religiöser Pluralisierung Rechnung zu tragen, sie einzubeziehen und als Ressource zu nutzen – zum anderen soll das eigene, christliche Profil gewahrt werden.

Diese Spannung wird sich auch durch die vier Abschnitte dieses Beitrags ziehen. Ich beginne mit einigen religionssoziologischen Überlegungen, Eindrücken und Zahlen zu religiöser Vielfalt in Deutschland. Dieser Teil bildet eine Bestandsaufnahme und basiert unter anderem auf Arbeiten, die aus unserer NRW-Nachwuchsforschergruppe zu den zivilgesellschaftlichen Potentialen religiöser Migrantengemeinden hervorgegangen sind.[3] Im zweiten und dritten Abschnitt wird es dann etwas experimenteller. Hier werde ich zunächst einen religions- und organisationssoziologischen Außenblick auf die innerdiakonische Debatte über „interkulturelle Öffnung" wagen, wie sie sich für mich als „Zaungast" darstellt. Im Anschluss präsentiere ich erste Ergebnisse eines kleinen Pilotprojekts zum Thema „Religiöse Vielfalt und religiöse Differenz in der christlichen Migrationsberatung", das wir vor zwei Jahren im Ruhrgebiet durchgeführt haben. Schließen werde ich dann mit einem Fazit zu interreligiösen Aktivitäten als Chance für eine „diverse Diakonie".

I. Religiöse Vielfalt in Deutschland: Überlegungen, Eindrücke, Zahlen

Im ersten Abschnitt möchte ich einen religionssoziologischen Blick auf religiöse Pluralisierung in Deutschland werfen. In den religionssoziologischen Debatten der letzten Jahrzehnte wurde vor allem nach den Auswirkungen religiöser Vielfalt auf das religiöse Feld gefragt. Die Antworten fallen alles andere als eindeutig aus. Da sind zunächst Wissenssoziologen wie Peter L. Berger.[4] Für sie führt die Zunahme religiöser Vielfalt zu einer Erosion der Wahrheitsansprüche jeder einzelnen Religion und damit zu einem Plausibilitätsverlust von Religion an sich. Diese „Marktlage" nährt eine relativistische Haltung und macht Religion zu einer Ware, die dem Verbraucherwillen unterworfen ist. Die Folge dieser Banalisierung ist ein umfassender Bedeutungsverlust von Religion. Pluralisierung führt also in letzter Instanz zu Säkularisierung – so Berger zumindest in seinen frühen Arbeiten.[5]

Gegenteilig argumentieren Vertreter der amerikanischen Religionsökonomie, allen voran Rodney Stark und Roger Finke. Auch sie gehen davon aus, dass die Zunahme religiöser Vielfalt zu einer Marktsituation führt, betonen aber die stimulierende Kraft dieses Marktes: Die Auflösung religiöser Monopole, z. B. in Form staatskirchlicher Privilegien, so das Argument, ebnet den Weg für einen freien Wettbewerb religiöser Anbieter.[6] Nicht nur die religiösen Entrepreneure, sondern auch die ehemaligen Staatskirchen müssen sich nun plötzlich um die religiösen „Kunden" bemühen, so dass das religiöse Angebot im Ganzen hochwertiger wird. Die Folge ist eine größere Attraktivität von Religion an sich und mithin ein gesellschaftlicher Bedeutungsgewinn von Religion.

So interessant diese grundsätzlichen Überlegungen sein mögen, so wenig tragen sie für die konkrete Frage aus, welche Herausforderungen und Chancen religiöse

Pluralisierung als Chance

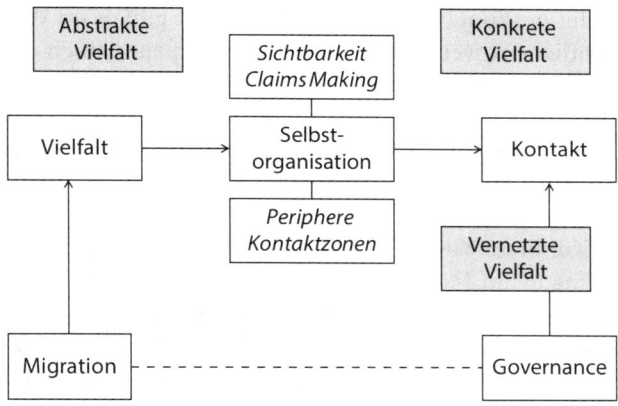

Pluralisierung für die Arbeit der Diakonie mit sich bringen. Ich möchte daher die Vogelperspektive verlassen und mich in die Niederungen von sogenannten Theorien mittlerer Reichweite begeben. Das folgende Modell ist ein Versuch, den Zusammenhang von Migration, religiöser Selbstorganisation und Pluralisierung systematisch zu erfassen:

Der linke Pfeil betrifft das Verhältnis von Migration und religiöser Vielfalt. Zwar bringen Migrantinnen und Migranten „ihre" Religion mit und tragen so auf einer demographischen Ebene zur religiösen Pluralisierung der Aufnahmegesellschaft bei. Diese Vielfalt bleibt jedoch abstrakt, insoweit sie sich lediglich in gefühlten Zugehörigkeiten und privater Glaubenspraxis ausdrückt. Konkret – auch für die Arbeit der Diakonie – wird religiöse Pluralisierung aber erst, wenn sie durch Selbstorganisation Gestalt annimmt und in

Religionskontakt übersetzt wird. Dafür gibt es im Wesentlichen zwei Mechanismen, nämlich zum einen die zunehmende Sichtbarkeit religiöser Migrantengemeinden, etwa in Form repräsentativer Gebäude, und zum anderen die interreligiöse Begegnung in Kontaktzonen an den Rändern. Diese Mechanismen werde ich unten mit einigen Beispielen illustrieren.

Konkrete Vielfalt und Religionskontakte schließlich drängen auf Moderation sowie Gestaltung und ziehen gesellschaftliche und staatliche Steuerungsbestrebungen auf sich. Beispiele hierfür sind interreligiöse Aktivitäten auf der Ebene der Zivilgesellschaft und politische Initiativen der Diversity Governance wie die Deutsche Islam-Konferenz. Wo religiöse Pluralisierung auf diese Weise bewirtschaftet wird, könnte man von *vernetzter Vielfalt* sprechen. An dieser Stelle liegen unter Umständen auch bislang ungenutzte Potentiale für eine „diverse Diakonie", doch dazu unten mehr.

Um diese allgemeinen Überlegungen mit Leben zu füllen, seien zunächst einige Eindrücke und Zahlen zur religiösen Pluralisierung in Deutschland genannt.

Abstrakte Vielfalt: Religionszugehörigkeit von Migranten in Deutschland

Zunächst einige Zahlen zur „abstrakten" religiösen Vielfalt. Die folgende Tabelle umfasst die zehn größten Migrantenreligionen in Deutschland, die mit knapp fünf Millionen Anhängern gut sechs Prozent der deutschen Gesamtbevölkerung stellen. Ich stütze mich dabei auf eine Zusammenstellung des Religionswissenschaftlichen Medien- und Informationsdienstes REMID, der Statistiken aus unterschiedlichen Quellen zusammenführt.[7] Daten zur Mitgliedschaft in bzw. Zugehörigkeit zu religiösen Migrantengemeinden sind notorisch schwierig zu erheben, da sie in der amtlichen Statistik nicht auftauchen. Wo Mitgliedszahlen vorliegen, sind diese teilweise wenig aussagekräftig, da häufig nur das Familienoberhaupt formell als Mitglied geführt wird, auch wenn die ganze Familie am Gemeindeleben teilnimmt. Die Verbände selbst neigen hingegen dazu, die Anzahl ihrer Mitglieder zu überschätzen, um ihre gesellschaftliche Bedeutung zu erhöhen.

Religiöse Tradition	*Mitglieder*
Islam	
Sunniten	2.640.000
Aleviten	500.000
Schiiten	225.000
Orthodoxes Christentum	
Griechisch-Orthodox	450.000
Rumänisch-Orthodox	300.000
Serbisch-Orthodox	250.000
Russisch-Orthodox	190.000
Judentum und Asiatische Religionen	
Juden	200.000
Buddhisten	140.000
Hindus	90.000
Zusammen	4.985.000

Es wird nicht überraschen, dass sunnitische Muslime mit gut 2,5 Millionen Personen die größte Gruppe bilden. Dabei ist der Ausdruck „Gruppe" insofern irreführend, als hinter dieser Zahl verschiedene, meist landsmannschaftlich organisierte Verbände stehen. Im Unterschied dazu haben die 500.000 Aleviten in aller Regel einen *gemeinsamen* (türkischen) Migrationshintergrund. Schiiten bilden innerhalb der islamischen Traditionen mit 225.000 Anhängern eine klare Minderheit. Nach den Muslimen stellen *orthodoxe Christen* aus unterschiedlichen Herkunftsländern die zweitgrößte Population dar; sie kommen zusammen auf knapp 1,2 Millionen Anhänger, wobei Griechisch-Orthodoxe die größte Einzelgruppe stellen. Im Unterschied dazu ist der Anteil von Juden, Buddhisten und Hindus in Deutschland äußerst gering: Bei den knapp 200.000 Juden handelt es sich überwiegend um Kontingentflüchtlinge aus der früheren Sowjetunion, die 140.000 Buddhisten mit Migrationshintergrund (die ca. 130.000 konvertierten Buddhisten sind hier nicht berücksichtigt) kommen in der Regel aus Vietnam oder Thailand und ein großer Teil der ca. 90.000 Hindus sind tamilische Bürgerkriegsflüchtlinge aus Sri Lanka.

Vielfalt wird sichtbar: Zur Etablierung und Beheimatung von Migrantengemeinden

Die religiöse Vielfalt, die sich in den Zahlen ausdrückt, wird sichtbar – zum Beispiel architektonisch. Erinnert sei nur an die aus den Medien bekannten Modellzeichnungen der im Bau befindlichen DITIB-Zentralmoschee in Köln. Der Entwurf vereint klassische Architektur wie Kuppeln und zwei prominente Minarette mit einer modernen Formensprache. Er ist geprägt durch eine Ästhetik der Offenheit und Transparenz gegenüber der Aufnahmegesellschaft, die sich zum Beispiel in den zahlreichen Glasfassaden zeigt. Der eingangs angesprochene Sri-Kamadchi-Ampal-Tempel in Hamm steht mit einem reich verzierten, 17 Meter hohen Torturm (Gopuram) ganz im Zeichen klassischer südindischer Tempelarchitektur. Für die Verzierungen reisten speziell ausgebildete Tempelhandwerker aus Indien eigens an. Dennoch gehen beide Gebäude auf die Entwürfe deutscher Architekten zurück. Die Viên-Giác-Pagode in Hannover schließlich wurde von einem vietnamesischen Architekten entworfen und besteht aus einer großen Gebetshalle und einem 24 Meter hohen Turm. Sie gehört nach eigener Auskunft zu den größten und vom Baustil her modernsten Pagoden außerhalb von Vietnam.[8] Die Auswahl dieser drei Beispiele soll deutlich machen, dass die Errichtung repräsentativer Gebäude keine Besonderheit der in Deutschland lebenden Muslime ist, sondern auch von anderen religiösen Traditionen angestrebt wird.

Repräsentative religiöse Gebäude wie Moscheen, Tempel und Pagoden stehen für die zunehmende Organisation und Sichtbarkeit religiöser Migrantengemeinden in Deutschland. Dabei ist die Errichtung dieser Gebäude das Ergebnis eines längeren Prozesses der Institutionalisierung, den religiöse Migrantengemeinden unterschiedlicher Prägung in ähnlicher Form durchlaufen und der sich in drei Phasen einteilen lässt. Die erste Phase ist gekennzeichnet durch lose Zusammenkünfte religiöser Laien mit einer allenfalls rudimentären Infrastruktur: Man trifft sich entweder in Privatwohnungen oder in Gemeinschaftsräumen von kommunalen Bürgerhäusern oder Kirchengemeinden. In der zweiten Phase werden einfache Organisationsstrukturen aufgebaut, z. B. durch die Gründung eines Vereins. Durch Mitgliedsbeiträge und Spenden und durch eine klare Aufgabenteilung wird es möglich, günstige Räumlichkeiten anzumieten, auszustatten und die religiösen Abläufe zu professionalisieren. In der dritten Phase schließlich setzt sich dieser Trend weiter fort, es werden beispielsweise hauptamtliche Geistliche angestellt. Zuweilen ist damit auch eine Arbeitsteilung zwischen einer weltlichen Geschäftsführung und einer spirituellen Leitung verbunden, wie sie etwa für die Moscheevereine der Türkisch-Islamischen Union DITIB typisch ist. Der zunehmende Wohlstand in der Gemeinde, aber auch erloschene Rückkehrhoffnungen führen dazu, dass die einfachen Kulträume zunehmend als unangemessen und beengt empfunden werden und der Wunsch nach größeren, repräsentativen Gebäuden mit traditionellen Stilelementen an Gewicht gewinnt.

Für die Diakonie ist die Sichtbarkeit religiöser Migrantenorganisationen wichtig, um potentielle Kooperationspartner für die interkulturelle Öffnung zu gewinnen. Sichtbarkeit erleichtert in diesem Fall nicht nur die Kontaktaufnahme, sondern steht auch für einen Prozess der organisatorischen Verdichtung und Professionalisierung innerhalb der entsprechenden Gemeinden. Zu beachten ist dabei, dass religiöse Migrantenorganisationen immer multifunktional sind: Glaubenspraxis, Brauchtumspflege, Fürsorge und politische Mobilisierung liegen dicht beieinander. So verstanden, ist jeder Moschee- oder Tempelverein auch eine Wohlfahrtseinrichtung mit einem eigenen Verständnis von sozialer Arbeit.

Vielfalt im Verborgenen: Kontaktzonen an den Rändern

Pluralisierung wird aber nicht nur da konkret, wo sie sichtbar wird, sondern auch dort, wo religiöse Migrantengemeinden sich aufgrund ähnlicher Bedingungen benachbart finden. Ein Beispiel dafür findet sich im Gewerbegebiet Dortmund-Kley. Zwischen IKEA und dem Staples-Großmarkt hat sich hier ein besonderes interreligiöses Arrangement etabliert. Denn dort befindet sich die ehemals katholische Herz-Jesu-Kirche, die aufgrund von Mitgliedermangel und Gemeindezusammenlegungen im Jahr 1996 an eine serbisch-orthodoxe Gemeinde veräußert wurde. Zu dem Gelände gehört neben der Kirche noch ein weiteres Gebäude, das als Kindergarten genutzt wurde. Nachdem ihre Kinder dem Kindergartenalter entwachsen waren, verkaufte die serbisch-orthodoxe Gemeinde dieses Gebäude an den Thailändisch-buddhistischen Dhammabharami-Tempel, der auf dem Außengelände seither regelmäßige Tempelfeste veranstaltet.

Die Szenerie macht deutlich, wie religiöse Vielfalt in Religionskontakt übersetzt wird und welche Rolle dabei auch die religiöse Transformation der Aufnahmegesellschaft spielen kann. Der Wunsch nach religiöser Beheimatung auf der einen und die Restriktionen der Migrationssituation auf der anderen Seite (Mangel an Geld, Mitgliedern, Kontakten, Reputation) schaffen neue interreligiöse Kontaktzonen. Man arrangiert sich.

Das Beispiel der katholisch-serbisch-orthodox-buddhistischen Kontaktzone mag kurios wirken, dennoch lassen sich bei genauerem Hinsehen ähnliche Konstellationen finden, seien es multiethnische Moscheen und Freikirchen oder ein innovativer Mix aus Hindutempel und Sikh-Gurudwara. Insgesamt sollte deutlich geworden sein, dass religiöse Pluralisierung als Chance und Herausforderung für die Diakonie auf das Engste mit der Etablierung religiöser Migrantengemeinden verknüpft ist.

II. Interkulturelle Öffnung als prinzipielle Herausforderung für die Diakonie

Damit ist auch der Bogen geschlagen zu dem zweiten, kürzeren Abschnitt dieses Beitrags, nämlich: Interkulturelle Öffnung als Herausforderung für die Diakonie. Darin möchte ich einen religions- und organisationssoziologischen Außenblick auf die innerdiakonische Debatte zu religiöser und kultureller Pluralisierung werfen und stütze mich dabei auf diakonische Handreichungen und Leitlinien der vergangenen Jahre.

Als erstes fällt auf, dass Religion meist unter dem Gesichtspunkt interkultureller Öffnung angesprochen wird. Sie bildet also eine Art Unterkategorie der Kultur. Der gemeinsame Ausgangspunkt der meisten Papiere ist die Beobachtung einer zunehmenden Heterogenität der Gesellschaft und der Bedürfnislagen. Als Ursachen werden zum einen die migrationsbedingte religiöse und kulturelle Pluralisierung angeführt und zum anderen die fortschreitende Differenzierung und Individualisierung als Folge gesellschaftlicher Modernisierung. Angesichts dieser Entwicklungen wird der Diakonie die ambitionierte Aufgabe gestellt, alle Bedürftigen ungeachtet ihrer Religion und Herkunft zu erreichen, oder, wie es in der Handreichung „Interkulturelle Öffnung in den Arbeitsfeldern der Diakonie" heißt: „Ziel ist es, Zugänge zu Hilfe- und Dienstleistungsangeboten der Diakonie allen Menschen, unabhängig von kultureller, religiöser und weltanschaulicher Prägung, nach Bedarf zu ermöglichen und ihren individuellen Bedürfnissen gerecht zu werden."[9]

Die theologischen Begründungen für diese universale Hilfsorientierung variieren. Sie ergeben sich zum einen unmittelbar aus den Evangelien, etwa aus dem Gebot der Nächstenliebe oder dem Gleichnis vom Weltgericht, wo der Fremde ausdrücklich mit in den Kreis der Bedürftigen hinein geholt wird. Zum anderen ergeben sie sich aus einer Art pluralistischer Exegese, nach der Vielfalt selbst gottgewollt ist, wie es das Leitbild des Diakonischen Werkes Hessen-Nassau formuliert.[10] Auf der Ebene der Organisation wird interkulturelle Öffnung als Querschnittsaufgabe bestimmt, die in den Bereichen Organisationsentwicklung, Qualitätsentwicklung und Personalentwicklung gleichermaßen zum Tragen kommen muss. Was dabei streckenweise unklar bleibt, ist der Aspekt der Governance: Soll interkulturelle Öffnung top-down durchgesetzt werden oder sich bottom-up, von der Basis her, entfalten? Die konkreten Zielbestimmungen in einigen Papieren deuten auf die erstgenannte Strategie einer Öffnung von oben, die Fallbeispiele in anderen Berichten dagegen eher auf einen Wandel von unten hin.

Wo auch immer die interkulturelle Öffnung ins Werk gesetzt wird, ergibt sich daraus eine zentrale Herausforderung für die Diakonie, nämlich die Balance zwischen Öffnung auf der einen und dem eigenen Profil als christlicher Wohlfahrtsverband auf der anderen Seite. Im bereits angesprochenen Leitfaden aus dem Jahr 2008 heißt es dazu:

„Dabei ist die Diakonie aufgefordert, ihre evangelische Identität nach innen und außen erkennbar zu machen und auch ihre (theologischen) Grenzen einer interkulturellen Öffnung sichtbar zu machen, um Unkenntlichkeit und der Erosion einer christlichen Deutungskultur zu entgehen."[11]

Profilbildung gegen die Erosion? Das klingt nach Rückzugsgefecht: defensiv und uninspiriert. Das ist umso erstaunlicher, zumal im selben Papier nur wenige Zeilen vorher ein dialogisches Verständnis von Öffnung und Profilierung vertreten wurde:

"Interkulturelle Öffnung und evangelische Prägung diakonischer Dienste und Einrichtungen müssen sich nicht *gegenüber stehen*, sondern können einander befördern. In der Auseinandersetzung mit dem ‚Fremden' kann das ‚Eigene' (wieder) neu wahrgenommen werden, denn auch in religiöser Hinsicht wird ‚der Mensch am Du zum Ich' (Martin Buber)."[12]

Um die interkulturelle Öffnung umzusetzen, werden zwei zentrale Instrumente benannt. Das sind zum einen interkulturelle und interreligiöse Teams und zum anderen die Vernetzung mit religiösen Migrantenorganisationen. Die Chancen gemischter Teams liegen in der größeren Sprachfähigkeit, durchaus nicht nur im linguistischen, sondern auch im kulturellen Sinne. Zudem versprechen sie eine verbesserte Reflexionsfähigkeit nach innen und eine Ausweitung des Adressatenkreises nach außen. Dieser letzte Punkt ist besonders interessant: Mitarbeiter mit Migrationshintergrund, so die Idee, werden zu kulturellen „brokern" zwischen der Diakonie und der Migranten-Community und aktivieren dadurch eine neue Klientel.[13] Die Herausforderung interreligiöser Teams besteht darin, dass Diversity Management stets im Schatten des christlichen Profils betrieben werden muss. So heißt es in der Leitlinie des Diakonischen Verbandes Hessen-Nassau: „Dabei kann die Diakonie auf Methoden des ‚diversity managements' zurückgreifen, muss aber zugleich die christlichen Grundlagen diakonischer Arbeit reflektieren und deutlich machen."[14]

Bei der Vernetzung mit Migrantenorganisationen liegen die Chancen darin, konkrete Adressaten für die

Anliegen und Bedürfnisse einer Migrantengruppe zu haben, die ansonsten kaum zu greifen wäre. Die Herausforderung besteht allerdings darin, überhaupt geeignete Ansprechpartner zu finden, den Kontakt anzubahnen und zu pflegen. Gerade die Aufrechterhaltung des Kontakts ist angesichts der personellen Fluktuation in religiösen Migrantenorganisationen nicht ganz einfach.

III. Das Handlungsfeld Migrationsberatung als konkrete Herausforderung für die Diakonie

Nach diesen religions- und organisationssoziologischen Überlegungen zur innerdiakonischen Debatte über interkulturelle Öffnung möchte ich einige empirische Ergebnisse zur interkulturellen Öffnung in einem naheliegenden Handlungsfeld vorstellen, nämlich in der Migrationsberatung und Ausländerarbeit. Ich stütze mich dabei auf Erkenntnisse aus einem kleinen Pilotprojekt zum Thema „Religiöse Vielfalt und religiöse Differenz in der christlichen Migrationsberatung", das ich vor zwei Jahren gemeinsam mit einer studentischen Mitarbeiterin durchgeführt habe. Im Rahmen dieses Projekts haben wir zwanzig Leitfaden-Interviews mit Teilnehmern und Anbietern von Integrationskursen der Diakonie und Caritas im Ruhrgebiet geführt.

Die zentrale Forschungsfrage lautete dabei: „Inwieweit wird die christliche Identität der Träger im Rahmen der Migrationsarbeit zum Thema und wie verhalten sich nichtchristliche Teilnehmer dazu?" Als vorläufiges

Ergebnis ist festzuhalten, dass die meisten Teilnehmer das christliche Profil der Migrationsberatung durchaus wahrnahmen, diese religiöse Differenz allerdings weder als problematisch noch als besonders hilfreich empfanden. Auch wenn unser Schwerpunkt in diesem Fall auf der Nachfrage- und nicht auf der Angebotsseite christlicher Migrationsberatung lag, liegen zwei Interviews mit Mitarbeiterinnen vor, die selbst einen Migrationshintergrund haben und vor etwa zwanzig Jahren als Spätaussiedler aus der ehemaligen Sowjetunion nach Deutschland gekommen sind. Ihre Aussagen mögen anekdotisch anmuten, unterstreichen und ergänzen aber an einigen Stellen auf interessante Art und Weise den innerdiakonischen Diskurs zu interkultureller Öffnung. Die Bedeutung dieser Interviews liegt also weniger in ihrer Repräsentativität als in ihrer Typik.

Ähnlich wie in den offiziellen Papieren gehen auch die beiden Mitarbeiterinnen von einem universellen Hilfsanspruch und einem Grundsatz der Gleichbehandlung aus. Eine Beraterin erklärte:

„Jeder, der reinkommt, ist willkommen, egal aus welchem Land, welcher Hautfarbe, welche Sprache er spricht. Wenn er in Not ist, dann versuchen wir ihm zu helfen. Alle werden gleich behandelt und es wird dafür gesorgt, dass auch die Teilnehmer unserer Kurse einander akzeptieren, einander verstehen oder die Kultur des anderen verstehen und akzeptieren."

Hier wird deutlich, dass Gleichbehandlung in der Migrationsarbeit auch das Risiko mit sich bringt, religiöse, ethnische oder politische Konflikte zu importieren, wenn etwa türkische und kurdische Teilnehmer im selben Kurs sitzen. Trotz dieser Schwierigkeiten legen es die Kursleiter aber nicht darauf an, die problematische Konstellation zu vermeiden, sondern setzen auf Aufklärung und persönliche Beziehungsarbeit.

Analog zu den theologischen Begründungen interkultureller Öffnung haben wir auch nach religiösen Motivationen gefragt. Eine Mitarbeiterin verwies dabei auf Nothilfe als Christenpflicht: „Also ich bin unter dem Dach des evangelischen Werkes und ich tue das eben so nach dem innerem Gefühl, dass dies eine richtige christliche Sache ist, den Menschen in Not zu helfen." Die Tiefe der theologischen Reflexion in den Leitlinien wird hier nicht eingeholt. Stattdessen werden die Zugehörigkeit zur Diakonie und die „Compliance" mit ihren christlichen Werten selbst zu einem theologischen Argument. An späterer Stelle ergänzt die selbe Beraterin: „Aber wenn der Mensch in Not ist und ich ihm helfe, dann denke ich, ich tue was Gutes und ich glaube, dass dieses Gute dann irgendwie auch auf mich zurück gespiegelt wird." Hier wird der Dienst am Nächsten direkt mit dem eigenen Heil bzw. Wohlergehen in Verbindung gebracht, ganz ähnlich wie es im Gleichnis vom Weltgericht anklingt: „Was du getan hast einem von diesen meinen geringsten Brüdern, das hast du mir getan."

An anderer Stelle äußern sich die Befragten zum Thema gemischte Teams und Migrationshintergrund als Ressource. Eine Mitarbeiterin vermerkt: „Mundpropaganda spielte auch eine große Rolle, […] ich komme aus der Nachbarstadt und jede Russlanddeutsche kennt da alle […] und jeder weiß wo man Hilfe bekommen kann und dieser gute Ruf spricht sich rum und da gehen auch Leute hin." Hier bestätigt sich eine Beobachtung, die auch in den Handreichungen anklingt, dass nämlich Mitarbeiter mit Migrationshintergrund ein spezifisches Sozialkapital in ihre Arbeit mit einbringen und damit zu einer Ausweitung des Adressatenkreises der Diakonie beitragen können. Während diese Netzwerke in aller Regel community-spezifisch sind, verfügen Mitarbeiter mit Migrationshintergrund auch über eine allgemeine Migrationskompetenz, die kulturübergreifend eingesetzt werden kann. Im Interview erläuterte die andere Mitarbeiterin:

„Die Zeiten haben sich geändert, es kommen fast keine Aussiedler mehr aus Russland und es kommen auch keine Migranten, deren Sprache ich spreche […]. Aber die Erfahrung, selbst Migrantin zu sein, [zu wissen,] was der Mensch so braucht, wenn er nach Deutschland kommt und sich nicht auskennt, […] also dieses eben ist bei den früheren Spätaussiedlern genauso wichtig wie bei jedem anderen Migranten, egal aus welchem Land er kommt."

Hier wird deutlich, dass die eigene Migrationserfahrung ein informeller Wissensbestand sein kann, der für die Arbeit der Diakonie relevant ist, und zwar unter Umständen auch jenseits der Migrationsberatung.

Schließlich wird das Leitbild der interkulturellen Öffnung auch ausdrücklich angesprochen. Eine Beraterin berichtete:

„Genau das ist ja ein ganz, ganz großes Thema, diese interkulturelle Öffnung, ja. Ja also dieser Satz, wo evangelisch draufsteht muss auch evangelisch drin sein […] Aber sehr oft ist es so, dass man merkt, dass diese Person eben für diese Arbeiten super geeignet ist [...]. Man muss ja eben handeln nach dem Leitbild der Einrichtung, in der Du arbeitest [...]. Hilfsbereitschaft, friedliches Miteinander, das ist ja in allen Religionen gleich."

Ich präsentiere das Zitat in dieser Länge, weil es mehrere interessante Aspekte enthält: Zum einen wird interkulturelle Öffnung unmittelbar mit dem Thema Profilbildung verbunden. Die praktische Erfahrung, dass Kollegen mit Migrationshintergrund für die Ausländerarbeit besonders geeignet sind, scheint dazu im Widerspruch zu stehen. Dieser Widerspruch wird dann quasi theologisch verarbeitet, indem auf das gemeinsame sozialethische Fundament „aller Religionen" verwiesen wird. Auf diese Weise wird die angesprochene Spannung zwischen Öffnung und Profilierung pragmatisch auf der operativen Ebene aufgelöst: Wo alle Religionen das Gleiche wollen, kann keine ein besonderes Profil beanspruchen, daher ist die persönliche Eignung der Mitarbeiter maßgeblich.

IV. Fazit: Interreligiöse Aktivitäten als Chance für eine „diverse Diakonie"

Abschließend soll noch einmal die leitende Frage aufgenommen werden: Wie kann, vor dem Hintergrund der skizzierten Überlegungen und Einblicke, religiöse Vielfalt als Chance für eine „diverse Diakonie" genutzt werden? Dazu möchte ich folgende These zur Dis-

Pluralisierung als Chance

kussion stellen: Die Diakonie kann von der religiösen Pluralisierung auf einer strategischen und einer operativen Ebene profitieren, wenn sie über die reaktive interreligiöse Öffnung hinaus eine proaktive Themenanwaltschaft für Religionskontakte in modernen Einwanderungsgesellschaften reklamiert.

Das heißt: Die Pluralisierung im Inneren durch gemischte Teams und die Vernetzung mit Migrantenselbstorganisationen ist die eine Seite. Sie kann und sollte betrieben werden, insoweit es der konkreten Arbeit dienlich ist. Flankierend dazu sollte die Diakonie allerdings ihre religiöse Kompetenz zur Gestaltung dessen einbringen, was oben als „vernetzte Vielfalt" bezeichnet wurde. Auf diese Weise könnte nicht nur das christliche Profil glaubwürdig kommuniziert, sondern auch die gesellschaftliche Relevanz eines evangelischen Wohlfahrtsverbandes vermittelt werden. Eine „diverse Diakonie" ist also nicht eine nach innen hin beliebige Diakonie, sondern ein Unternehmen, das sich seiner zivilgesellschaftlichen Verantwortung für religiöse Vielfalt bewusst ist.

Wie lässt sich dieser Anspruch konkretisieren? Eine niedrigschwellige Möglichkeit bestünde darin, dass die Diakonie sich stärker in interreligiöse Aktivitäten und Prozesse einbrächte. Damit sind nicht nur Dialogveranstaltungen gemeint, sondern auch Nachbarschaftstreffs, gemeinsame Feste und Friedensgebete. Eine solche Beteiligung mag Zeit und gelegentlich auch Nerven kosten, ist aber von einiger Bedeutung:

1. Als zivilgesellschaftlicher Akteur mit gesamtgesellschaftlicher Verantwortung kann die Diakonie durch interreligiöse Aktivitäten ihre Religionskompetenz als Alleinstellungsmerkmal gegenüber anderen gesellschaftlichen und Wohlfahrtsverbänden profilieren.

2. Auf dem interreligiösen Feld könnte die Diakonie einen wichtigen Impuls für gelebte Religion jenseits der Differenzen in den Lehrbeständen der Religionen geben.

3. Innerhalb der Diakonie könnte die Teilnahme an interreligiösen Aktivitäten zur Aktivierung der christlichen bzw. evangelischen Selbstvergewisserung beitragen.

4. Und schließlich, aber nicht zuletzt, lassen sich interreligiöse Aktivitäten als Netzwerke und „think tanks" nutzen, um geeignete religiöse Migrantengemeinden als Kooperationspartner zu identifizieren und sich über gemeinsame Arbeitsformen zu verständigen.

Spätestens hier wird deutlich: Das interreligiöse Engagement der Diakonie hat nicht nur strategische, sondern auch operative Vorteile, indem es Lösungen für drängende Herausforderungen der interkulturellen Öffnung verspricht.

Kirchenrechtliche Herausforderungen für die Diakonie im Horizont religiöser Pluralisierung und Säkularisierung

Hans Michael Heinig

I. Einleitung: Diakonie als Regelungsgegenstand des Kirchenrechts

Im Vergleich zur Gründungszeit der Bundesrepublik Deutschland ist die Gesellschaft religiös-weltanschaulich vielfältiger und „säkularer" geworden. Diese Aussage kommt einer Binsenweisheit gleich, auch wenn man über die genaue Bedeutung der schillernden Begriffe „Säkularisierung" und „Pluralisierung" lange räsonieren kann. Es hat sich ein Alltagsverständnis der Wandlungsprozesse auf dem religiösen Feld ausgebildet, das empiriegesättigt ist, in das grundlegende theoretische Einsichten der letzten Jahrzehnte eingesickert sind und das auch geeignet ist, die folgenden Überlegungen darauf aufruhen zu lassen.

Rechtswissenschaftlich schließt sich an den alltäglichen Befund des sozialen Form- und Funktionswandels der Religion die Frage nach Folgen für Normgeltung, Normverständnis und Normsetzung an. Seit vielen Jahren findet im *Religionsverfassungsrecht* eine intensive Debatte dazu statt: Ist das Grundrecht der Religionsfreiheit im Schutzbereich enger als bisher üblich zu verstehen? Wie gelingt die Integration des Islam? Können die Zeugen Jehovas den Körperschaftsstatus verliehen bekommen? Ist der Laizismus eine vorzugswürdige religionspolitische Option?[1] Im *Kirchenrecht* als Binnenrechtsordnung der evangelischen Kirche ist das Thema „religiöser Pluralismus und Säkularisierung" dagegen bislang noch nicht so richtig angekommen. Deshalb soll im Folgenden zunächst in Erinnerung gerufen werden, inwieweit die Diakonie überhaupt mit dem Kirchenrecht zu tun hat. Nur so können „kirchenrechtliche Herausforderungen für die Diakonie" identifiziert werden.

1. Zuordnungsfragen

Die Diakonie steht insbesondere in Zuordnungsfragen im Focus des Kirchenrechts. Nach Art. 140 GG i. V. m. Art. 137 Abs. 3 WRV ordnen und verwalten Religionsgesellschaften ihre eigenen Angelegenheiten. Zum Selbstorganisationsrecht gehört auch, darüber zu bestimmen welche Aufgaben in welcher Organisationsform wahrgenommen werden. Das ist Folge der religiösen Organisationsfreiheit. Nicht alle Aufgaben müssen durch eine Religionsgesellschaft als Körperschaft selbst wahrgenommen werden. Einzelne Tätigkeitsfelder können ausgegliedert werden, ohne den verfassungsrechtlichen Zusammenhang mit der Religionsgesellschaft aufzulösen und den Einbezug in ihren verfassungsrechtlichen Schutz aufzugeben. Um diesen Vorgang zu beschreiben, benutzt man im staatlichen wie im kirchlichen Recht den Begriff „Zuordnung". Verfassungsrechtlich beschreibt er, dass zugeordnete Organisationen am Selbstbestimmungsrecht der Religionsgesellschaft Anteil haben. „Zuordnung" ist aber auch eine kirchenrechtliche Kategorie: Durch Kirchenrecht bestimmt sich, welche Rechtspersonen unter welchen Voraussetzungen die Kirche im Sinne einer ecclesia particularis bilden, wem kirchenrechtliche Rechtsfähigkeit zukommt, wer juristische Person im kirchenrechtlichen Sinne ist.[2]

Kirchliche Rechtsgrundlagen zur Zuordnung diakonischer Einrichtungen finden sich insbesondere in der Richtlinie der EKD über die Zuordnung diakonischer Einrichtungen zur Kirche, in den Diakoniegesetzen der Landeskirchen und in den Satzungen der Diakonischen Werke; Grundsatzbestimmungen enthalten zudem die meisten Kirchenverfassungen.[3] Nach der Zuordnungsrichtlinie sind die Erfüllung kirchlich-diakonischer Zwecke und Aufgaben sowie die kontinuierliche institutionelle Verbindung zur Kirche Zuordnungsvoraussetzung. Zu letzterem gehört insbesondere „die Bereitschaft, das einschlägige kirchliche Recht anzuwenden". Fragt man danach, welches kirchliche Recht denn einschlägig ist, stößt man unweigerlich auf das *kirchliche Arbeitsrecht*. Die Zuordnungsrichtlinie verfolgt insbesondere das Ziel, die Einhaltung des kirchlichen Arbeitsrechts in der Diakonie anzumahnen und sicherzustellen.

2. Individualarbeitsrecht

Das kirchliche Arbeitsrecht wiederum lässt sich wie das staatliche Arbeitsrecht in einen individualrechtlichen und einen kollektivrechtlichen Bereich unterteilen. Für beide Bereiche bestehen kirchenrechtliche Regelungen.

Zum *Individualarbeitsrecht* gehört die Frage, mit welchen Personen und unter welchen Bedingungen eine diakonische Einrichtung ein Arbeitsverhältnis begründen darf und welche besonderen Loyalitätsverpflichtungen dabei arbeitsvertraglich zu begründen sind. Regelungen dazu finden sich in der Richtlinie über die Anforderungen der privatrechtlichen beruflichen Mitarbeit (sog. Loyalitätsrichtlinie). Die Rechtszersplitterung des evangelischen Kirchenrechts schlägt aber auch hier zu: Weitere Regelungen finden sich in verschiedensten Gesetzen und untergesetzlichen Rechtskörpern sowie im, was den normativen Status angeht, „Graubereich" der Lebensordnungen.

Welche für die Fragen der Pluralisierung und Säkularisierung relevanten Regelungen sieht die Loyalitätsrichtlinie der EKD nun vor? Nach § 3 setzt eine berufliche Mitarbeit in der Kirche und den ihr zugeordneten Einrichtungen Zugehörigkeit zu einer Gliedkirche der EKD oder einer in Kirchengemeinschaft stehenden Kirche voraus. Von diesem Grundsatz sind nur Ausnahmen möglich, wenn die Aufgaben nicht der Verkündigung, Seelsorge, Unterweisung oder Leitung zuzuordnen sind. Für den exemptionsfähigen Bereich gilt dann: Ausnahmen vom Grundsatz der evangelischen Kirchenmitgliedschaft als Voraussetzung für die Begründung eines Arbeitsverhältnisses dürfen nur gemacht werden, „wenn andere geeignete Mitarbeiterinnen und Mitarbeiter" nicht zu gewinnen sind. Solche nichtevangelischen Mitarbeiter „sollen" zumindest einer Mitgliedskirche der Arbeitsgemeinschaft christlicher Kirchen (ACK) oder der Vereinigung Evangelischer Freikirchen angehören. Das Wort „sollen" begründet juristisch ein intendiertes Ermessen, d.h. von der Regel darf nur bei Vorliegen besonderer Gründe abgewichen werden; im Normalfall meint „sollen" also „müssen".

Die Begründung eines Arbeitsverhältnisses mit einem agnostischen oder muslimischen Arbeitnehmer in der evangelischen Kirche setzt demnach voraus, dass a) kein Kernbereich (Verkündigung, Seelsorge, Unterweisung, Leitung) betroffen ist *und* b) kein anderer geeigneter evangelischer Arbeitnehmer bereit steht *und* c) kein anderer geeigneter Angehöriger aus einer Kirche der Arbeitsgemeinschaft christlicher Kirchen bzw. der Freikirchen zu finden ist.

Das Regelwerk sieht keine ausdrückliche Ausnahmeklausel bei funktionalem Erfordernis abweichender Religionszugehörigkeit vor. Freilich gibt es Bereiche, in denen es erkennbar sinnvoll ist, auch Arbeitnehmer zu beschäftigen, die über einen anderen religionskulturellen Hintergrund verfügen, etwa in der interreligiösen Bildungsarbeit (z. B. in einer Kindertagesstätte in Berlin-Kreuzberg) oder in der sozialen Integrationsarbeit. Dieses Problem ist durch sachgerechte Norminterpretation grundsätzlich lösbar, wenn man zur Bestimmung des Eignungskriteriums auf den konkreten Funktionszusammenhang abstellt. Freilich bleiben Unsicherheiten: Welches Eignungsniveau ist gemeint? Ist eine Abweichung vom Gebot evangelischer Religionszugehörigkeit schon zugelassen, wenn sonst im Hinblick auf die Aufgabenerfüllung keine optimale Stellenbesetzung möglich ist? Oder nur, wenn selbst die suboptimale Erfüllung nicht gewährleistet ist? Zudem ist ein Aufstieg der betroffenen Arbeitnehmerinnen und Arbeitnehmer in eine leitende Position durch die Richtlinie stets ausgeschlossen.

Mit den Abschichtungen in den Zugehörigkeitsanforderungen korrespondieren gemäß § 4 der Richtlinie dann auch unterschiedliche Intensitäten in den Loyalitätspflichten. Nichtchristliche Mitarbeiter haben nur den kirchlichen Auftrag zu beachten und die ihnen übertragenen Aufgaben im Sinne der Kirche zu erfüllen; christliche Mitarbeiter haben Schrift und Bekenntnis zu achten und für die christliche Prägung ihrer Einrichtung einzutreten; evangelische Mitarbeiter hingegen sollen Schrift und Bekenntnis anerkennen sowie – soweit in Verkündigung, Seelsorge, Unterweisung und Leitung tätig – in der inner- und außerdienstlichen Lebensführung der übernommenen Verantwortung entsprechen.

Schließlich reflektieren die Bestimmungen zu den arbeitsrechtlichen Folgen des Kirchenaustritts diese Unterschiede (§ 5): Wer durch Austritt aus der evangelischen Kirche oder durch eine sonstige grobe Missachtung der Kirche im seinem Verhalten die Glaubwürdigkeit des kirchlichen Dienstes beeinträchtigt, muss mit einer außerordentlichen Kündigung rechnen. Auch ein Austritt aus einer anderen als der evangelischen Kirche kann einen Kündigungsgrund darstellen, wenn darin eine Distanzierung zum kirchlichen Dienst selbst zum Ausdruck kommt.

3. Kollektivarbeitsrecht

Neben dieses kirchliche Individualarbeitsrecht tritt das *kirchliche Kollektivarbeitsrecht*, das seinerseits zweigeteilt ist in Bestimmungen zu Fragen der Mitarbeitervertretung (im gesamtkirchlichen Recht: Mitarbeitervertretungsgesetz der Evangelischen Kirche in Deutschland, kurz MVG.EKD) und in der Regelung von Fragen zur Erzielung kollektivrechlicher Übereinkünfte über Entgelt- und Arbeitsbedingungen im Rahmen des sogenannten Dritten Weges (im gesamtkirchlichen Recht: Arbeitsrechtsregelungsgesetz – kurz ARRG.EKD – und Arbeitsrechtsregelungsgrundsätzegesetz der Evangelischen Kirche in Deutschland, kurz ARGG.EKD).

Im ARRG.EKD finden sich auch Regelungen zur Zusammensetzung der Arbeitsrechtlichen Kommission. Nach § 4 Abs. 3 ARRG.EKD ist das passive Wahlrecht zu kirchlichen Ämtern in einer der Gliedkirchen der EKD, d. h. Mitgliedschaft und Zulassung zum Abendmahl, Voraussetzung für eine Mitarbeit in der Arbeitsrechtlichen Kommission. Bei zwei der acht Dienstnehmervertreter kann von dem Erfordernis evangelischer Kirchenzugehörigkeit abgewichen werden. Dann ist die Mitgliedschaft in einer der in der ACK organisierten Gemeinschaften erforderlich. Mindestens die Hälfte der Mitarbeitervertreter muss hauptberuflich im kirchlichen Dienst stehen; die Hälfte der Dienstnehmervertreter können also Externe sein, etwa aus dem Kreis der hauptberuflichen Gewerkschaftsfunktionäre stammen; auch diese müssen aber Christen sein.[4]

Sonderregelungen gibt es schließlich im MVG.EKD. Alle Mitarbeiter sind bei den Wahlen zur Mitarbeitervertretung wahlberechtigt, aber nicht alle sind wählbar. § 10 MVG begrenzt das passive Wahlrecht auf Mitglieder einer der ACK angehörenden Kirche oder Gemeinschaft. Abweichende Regelungen durch Gliedkirchen sind ausdrücklich zugelassen.

Diese Restriktion wird üblicherweise damit begründet, dass die Mitarbeitervertretung Anteil an den Kontrollfunktionen von Kirchenleitung habe und diese Funktion nur von denen ausgeübt werden könne, die auf den Auftrag der Kirche ansprechbar seien. Die Taufe gilt dann als äußeres Zeichen dieser Ansprechbarkeit. Die Argumentation lässt sich auf das Arrangement zur Besetzung der Arbeitsrechtlichen Kommissionen übertragen.

4. Inhaltliche Prägung diakonischer Arbeit durch Kirchenrecht?

Die *inhaltliche Steuerung* diakonischer Arbeit erfolgt dagegen nur sehr begrenzt durch das Kirchenrecht; ungleich bedeutender ist das staatliche Recht.[5] In den Kirchenverfassungen finden sich Generalklauseln, die ausführen, dass die diakonische Arbeit „Wesens- und Lebensäußerung der Kirche" ist (Art. 15 GO.EKD). Auch die Diakoniegesetze der Landeskirche enthalten in der Regel keine über sehr allgemein gehaltene Aufgabenbeschreibungen hinausgehenden materialen Handlungsvorgaben. Selbst ein näher ausgestaltetes Finalprogramm für die diakonische Arbeit findet sich kirchengesetzlich nicht. Die kirchengesetzliche Regelungsdichte ist insoweit denkbar gering.

5. Zwischenresümee

Vor dem Hintergrund dieser Bestandsaufnahme kirchenrechtlicher Bestimmungen zu diakonischer Arbeit lässt sich näher identifizieren, an welchen Stellen überhaupt Phänomene religiöser Pluralisierung und Säkularisierung relevant werden: Organisations- und Zuordnungsfragen sind nicht unmittelbar einschlägig;[6] die Gestaltung der inhaltlichen Arbeit wird kirchengesetzlich so gut wie gar nicht geregelt. So bleibt nur das kirchliche Arbeitsrecht. Dort aber schlägt der Formwandel des Religiösen in unserer Gesellschaft zunehmend – auf ganz unterschiedliche Weise – durch.

Um der Frage nachgehen zu können, welchen Eindruck Pluralisierungs- und Säkularisierungsprozesse im kirchlichen Arbeitsrecht hinterlassen, ist zunächst ein Blick auf das theologische Interpretament des geltenden kirchlichen Arbeitsrechts, die Dienstgemeinschaft zu werfen.[7]

II. Dienstgemeinschaft als theologisches Interpretament des kirchlichen Arbeitsrechts

Beide großen Kirchen gehen von einem Verweisungsverhältnis von Geistkirche und Rechtskirche, von verborgener und sichtbarer Kirche aus. Die innere Ordnung der Kirche ist nicht beliebig, sondern rückgebunden an Schrift und Bekenntnis. Für die evangelische Kirche hat dies die 3. These der Barmer Erklärung von 1934 in klassischer Form zum Ausdruck gebracht. Welche Konsequenzen nun aus dem zeugnishaften Charakter des Kirchenrechts für die kirchlichen Dienstbeziehungen zu ziehen sind, unterscheidet sich zwischen den Kirchen und wird auch innerkirchlich kontrovers diskutiert. Die Entscheidung über derartige theologisch imprägnierte Fragen steht alleine der jeweiligen Religionsgemeinschaft zu und erfolgt im Medium des Rechts. So gesehen ist das Kirchenrecht in der Tat – mit den Worten Michael Germanns – „die Form, in der sich die Gemeinschaft der Getauften auf die Verheißung der Gegenwart Gottes hin darüber verständigt, welches kirchliche Handeln als geistlich angezeigt verantwortet werden soll."[8]

Was weiß die Kirchenrechtswissenschaft nun über die Dienstgemeinschaft zu sagen? Zunächst mehr oder weniger gehaltvolle Gemeinplätze wie diese: „In der Kirche gibt es verschiedene Formen des Dienstes. Alle diese Dienstformen bilden kirchenrechtlich zusammen eine Dienstgemeinschaft. Kirchlicher Dienst heißt primär: Dem gemeinsamen Auftrag der Bezeugung und Verkündigung des Evangeliums nachzukommen. Der Zeugnischarakter des Dienstes bedingt grundsätzliche Kirchenzugehörigkeit und endet auch nicht mit dem täglichen Dienstschluss. Ausfluss des Gemeinschaftscharakters ist eine gemeinsame Verantwortung aller Dienstnehmer für das gedeihliche Wirken der Kirche und in der Kirche. An die Stelle legitimer ökonomischer Interessenmaximierung des einzelnen, die das Arbeitsleben und Arbeitsrecht grundsätzlich prägt, tritt das Leitbild eines geschwisterlichen Umgangs von Dienstnehmern und Dienstgebern."[9]

Was man in einem kurzen Lexikonartikel wie demjenigen, aus dem das Zitat stammt, nicht ausführen kann, aber doch aus kirchenrechtswissenschaftlicher Sicht für unseren Zusammenhang kurz in Erinnerung rufen sollte, ist die *Genese der Dienstgemeinschaft*.[10] Damit sind nicht die untauglichen Versuche gemeint, das Konzept in seiner heutigen Ausgestaltung in die Nähe nationalsozialistischen Gedankenguts zu rücken. Doch muss man sich klarmachen, dass das Leitbild der Dienstgemeinschaft, wie es dem kirchlichen Arbeitsrecht zugrunde liegt, sich erst relativ spät, zwischen den 1950er und 1970er Jahren, herausgebildet hat.[11] Seine Etablierung wurde im Wesentlichen von Kirchenjuristen betrieben.[12] Die theologische Rezeption und Weiterentwicklung erfolgte hingegen spät und ausgesprochen zurückhaltend.[13] Erst im Zuge der Erarbeitung einer Loyalitätsrichtlinie 2004/2005 entwickelte sich eine intensivere theologische Auseinandersetzung darüber, was Dienstgemeinschaft jenseits der kirchengesetzlich verankerten Allgemeinformeln meint.[14]

Ein wesentlicher Ertrag dieser Debatte dürften zwei von dem Münsteraner Theologen Hans-Richard Reuter formulierte Einsichten sein:[15]

1.) Zwischen dem theologischen Konzept von Dienstgemeinschaft und seiner gegenwärtigen Realisierung im partikularkirchlichen Mitarbeiterrecht muss hinreichend unterschieden werden.[16]

2.) Die theologische Grundkonzeption von Dienstgemeinschaft stützt sich auf eine spannungsreiche Doppelbegründung, die nicht einfach in eine Richtung hin aufgelöst werden kann:[17] Die Dienstgemeinschaft kennt eine am Einzelnen anknüpfende, innere, subjektive und eine stärker institutionell ausgerichtete, äußere, objektive Fundierung: Sie wurzelt einerseits im Priestertum aller Gläubigen, in dem mit der Taufe einhergehenden Auftrag, Gott in geistiger Einkehr und Zuwendung an die Welt zu dienen, andererseits knüpft sie objektiv-funktional am Missionsauftrag, am verheißenen Wirken des Heiligen Geistes durch die Glieder der Kirche an.

Beide Elemente, die Innen- und Außenperspektive, überlagern sich in der gegenwärtigen kirchenrechtlichen Ausgestaltung der Dienstgemeinschaft, etwa wenn nach § 3 Abs. 1 der Loyalitätsrichtlinie die Zugehörigkeit zur evangelischen Kirche grundsätzlich Voraussetzung für die Mitarbeit in ihr ist, zugleich aber um des Dienstes der Kirche willen (also funktional begründet) nach Abs. 2 Ausnahmen hiervon gemacht werden können, die wiederum eine Grenze finden im Fall des Kirchenaustritts zur Zeit eines bestehenden Arbeitsverhältnisses (Abs. 3). In ähnlicher Weise spiegeln sich beide Begründungsstränge im Kollektivarbeitsrecht der Kirche wider: In den Mitarbeitervertretungsgesetzen werden nicht nur die Getauften, sondern alle, zumindest alle privatrechtlich verpflichteten Dienstnehmer der Dienstgemeinschaft zugerechnet, zugleich aber wird das passive Wahlrecht auf Mitglieder einer der Arbeitsgemeinschaft christlicher Kirchen angehörenden Kirche beschränkt (§ 10 Abs. 1 lit. b MVG).

Die späte, primär kirchenrechtlich angeleitete Ausbildung der Konzeption „Dienstgemeinschaft" und die Reserviertheit gegenüber dem Thema in der akademischen Theologie zeigen bereits an, dass Details des kirchlichen Arbeitsrechts eher lose mit Schrift und Bekenntnis gekoppelt sind. Das kirchliche Verfassungsrecht statuiert die Dienstgemeinschaft in der Regel als ein konstitutionelles Prinzip und hält Möglichkeiten für pragmatische, an den Erfordernissen des Wirkens der Kirche in dieser Welt orientierten Ausgestaltungen offen. Kirchenverfassungsrechtlich rezipiert ist das

Rechtsinstitut der Dienstgemeinschaft, nicht seine konkrete Ausgestaltung in allen Details. Zu den konstitutiven Elementen dieses Prinzips gehören:
- der Grundsatz der Zugehörigkeit zur (evangelischen) Kirche,
- spezifische Loyalitätsbindungen,
- die gemeinschaftliche Verantwortung aller Dienstnehmer für das gedeihliche Wirken der Kirche und in der Kirche,
- der partnerschaftliche Umgang, der auf konfrontative Zuspitzung möglichst verzichtet.

III. Anfrage durch Pluralisierungs- und Säkularisierungsprozesse

Soweit zu den Grundlagen des kirchenarbeitsrechtlichen Status quo, in denen die theologischen Grundeinsichten in das Wesen des kirchlichen Dienstes und die kirchenrechtliche Adaption ineinandergreifen.

Wo aber liegt nun das Problem? Inwieweit stellen Pluralisierungs- und Säkularisierungsprozesse dieses in sich geschlossene, kunstvoll arrangierte kirchenarbeitsrechtliche System vor Herausforderungen? Hierbei wird man zwischen von außen herangetragenen Anfragen und „hausgemachten" Problemen unterscheiden können.

Drei Stichworte zu den externen Faktoren seien genannt:

Kirchenrechtliche Herausforderungen für die Diakonie

1. *Erhöhter Rechtfertigungsbedarf für Ungleichbehandlungen*: Mit Zunahme der gesellschaftlichen Vielfältigkeit wächst die Sensibilisierung für Diskriminierungen; kulturell heterogenere Gesellschaften sind in höherem Maße auf funktionierende, d. h. eben auch diskriminierungsarme soziale Inklusionen angewiesen. Exklusionen durch Konfessionsanforderungen oder religiös akzentuierte Loyalitätspflichten geraten so unter erhöhten Rechtfertigungsdruck.

2. *Verlust der volkskirchlichen Substanz*: Seit Jahrzehnten sinken die Mitgliederzahlen der Kirchen. Besonders deutlich wirkt sich der Prozess der Entkirchlichung in Ostdeutschland und im urbanen Raum aus. Zugleich expandiert die Diakonie: Wir haben einen Aufwuchs an Personal und diakonischen Einrichtungen zu vermerken. Das ist auch dem vorherrschenden volkskirchlichen Selbstverständnis in der Diakonie geschuldet. Die Diakonie versteht sich bewusst nicht als Teil einer versäulten Gesellschaft, in der konfessionelle Einrichtungen nur für „ihre" Klientel, dann aber von der Wiege bis zur Bahre, zuständig sind. Vielmehr will sie ein Flächenangebot für die gesamte Gesellschaft machen. Dann stellt sich aber zwangsläufig die Frage, wie der Personalbedarf bei strenger Anwendung des Konfessionserfordernisses gedeckt werden soll. Mit anderen Worten: Fallen nicht zwangsläufig das „law in the books" und das „law in action" so weit auseinander, dass der im Kirchenrecht dokumentierte Selbstanspruch einer konfessionell bestimmten Dienstnehmerschaft unglaubwürdig wird?

Problemverschärfend kommt hinzu, dass durch die teilweise hohe Marktmacht Diakonie und Caritas als regionale Monopolanbieter auf dem Arbeitsmarkt für soziale Berufe wahrgenommen werden. Wenn die Kirchen restriktive Bedingungen für den Zugang zu dem von ihnen verantworteten Arbeitsmarkt formulieren, insbesondere ganze Bevölkerungsgruppen wegen ihrer Religion gleichsam ausgeschlossen werden, wird ein solches Arrangement im Kampf um politische Meinungsmacht besonders rechtfertigungsbedürftig. Beliebt bei den Kritikern des Status quo ist in diesem Zusammenhang dann der Verweis auf die hohe sozialstaatliche Refinanzierungsquote diakonischer Arbeit, die für die Kirche eine Pflicht nach sich ziehen solle, auf arbeitsrechtliche Besonderheiten zu verzichten,[18] also eine „Pflicht zur Selbstsäkularisierung".

3. Genereller *Verlust staatskirchenrechtlicher Selbstverständlichkeiten*, der mit Pluralisierung und Säkularisierung einhergeht: Fünf Gründe für diesen Verlust von Selbstverständlichkeiten können unterschieden werden:

a) Häufig liegt negativen Einschätzungen unseres Religionsverfassungsrechts die Fehldeutung zugrunde, dass dieses Religionsverfassungsrecht die Großkirchen privilegiert und nicht auf religiösen Pluralismus zugeschnitten ist. Das ist auch ein Erbe der Interpretationstraditionen der 1950er und 1960er Jahre.[19] Die sogenannte Koordinationslehre ging davon aus, dass den Kirchen eine eigene, vom Staat nicht abgeleitete, aber von diesem anerkannte öffentliche Gewalt zukomme. Erst in den 1960er Jahren setzte sich im Verfassungsrecht die Einsicht durch, dass die Kirchen wie andere Religionsgemeinschaften durch die Freiheitsrechte geschützt und dergestalt der Verfassung auch unterworfen sind. Die Kirchen stehen nicht neben dem demokratischen Verfassungsstaat, sondern die in ihnen vereinigten religiösen Bürger sind Teil der Gesellschaft, deren politische Willensbildung demokratischen Regeln folgt. Es dauerte, bis sich die Kirchen dieses Grundaxiom des modernen Staates zu Eigen gemacht haben.

b) Auch der Wandel vom Bikonfessionalismus zur multireligiösen Gesellschaft und der damit verbundene gesellschaftliche Mentalitätswechsel sind in den kirchlich gebundenen Milieus nur zeitverzögert angekommen. Immer noch trifft man in der Kirche zuweilen die Haltung an, die moderne Gesellschaft habe gegenüber dem Christentum und seinen institutionellen Repräsentanten eine „Kulturschuld" abzutragen. In der Regel wird dann auch Ernst-Wolfgang Böckenförde mit seinem berühmten Diktum bemüht: „Der freiheitliche, säkulare Staat lebt von Voraussetzungen, die er selbst nicht garantieren kann."[20] In neueren Publikationen macht Böckenförde selbst deutlich, dass der von ihm beschriebene positive Beitrag religiöser Kulturen zur Ethospflege im Verfassungsstaat überaus voraussetzungsvoll ist.[21] Er gelingt eher unter Bedingungen religiöser Homogenität, in denen die vorherrschende Religion auch eine gewisse Nähe zum Staat pflegt. Durch Prozesse der Pluralisierung und Säkularisierung wird er dagegen zumindest auch in Frage gestellt. Das hat Folgen für die „Legitimierungserzählungen" des Staatskirchenrechts.[22]

c) Der cantus firmus des freiheitlichen Verfassungsstaates ist die gleiche Freiheit. Im Religionsverfassungsrecht setzt sich die Gleichheit auch in den leistungsstaatlichen Rechtsbeziehungen fort. In der Sprache der Tradition heißt das „Parität". Das verfassungsrechtliche Versprechen der Gleichheit im Religionsverfassungsrecht reizt islamophobe Kreise. Die Sozialforschung zeigt anschaulich, dass eine überwiegende Zahl der Deutschen im Grundsatz selbstredend für gleiche Freiheit in rebus religionis ist. Fragt man aber konkret nach der rechtlichen Gleichstellung der Muslime, reagiert eine ebenso große Zahl ablehnend. Nicht wenige von diesen sind im Zweifel lieber für eine Nivellierung des religionsrechtlichen Schutzniveaus nach unten als für eine gleichberechtigte Integration der Muslime in den Status quo.

d) Damit geht eng einher der politische Einflussgewinn derjenigen, die für einen laizistischen Radikalismus einstehen. Anhänger des aggressiv-kämpferischen Atheismus betreiben geschickt die Strategie, die von der Gleichbehandlung aller Religionen und Weltanschauungen (unter Einschluss des weltanschaulichen Humanismus) ausgehenden Legitimationswirkungen durch permanente Verschärfung der religiös-weltanschauliche Konflikte zu unterlaufen, um vor dem Hintergrund der angesonnenen Eskalation dann den Laizismus als probate Lösung anempfehlen zu können.[23]

e) Zum Verlust staatskirchenrechtlicher Selbstverständlichkeiten hat schließlich auch die Europäisierung und Internationalisierung des Rechts beigetragen.[24] Die zugrunde liegenden politischen und sozialen Verflechtungen verstärken zudem den Eindruck religiös-weltanschaulicher Heterogenität. Die letzten Jahre haben immer wieder gezeigt, dass das Recht der Europäischen Union zumindest mittelbare Folgen für das Staatskirchenrecht in Mitgliedstaaten hat, dieses also nicht per se europafest ist. Daran ändert auch der sogenannte „Kirchenartikel" im Ausführungsvertrag zum Vertrag über die EU (Art. 17 AEUV) nichts. Gerade deshalb tut auf europäischer Ebene immer wieder die Vermittlung der Sinnhaftigkeit religionsrechtlicher Arrangements in den Mitgliedstaaten not.

Gleiches gilt für die Europäische Menschenrechtskonvention, wie zahlreiche jüngere Verfahren zu Fragen des Religionsrechts in Deutschland vor dem EGMR gezeigt haben (arbeitsrechtliche Loyalitätspflichten, Eröffnung des Rechtswegs zu staatlichen Gerichten in innerkirchlichen dienstrechtlichen Streitigkeiten, staatliche Beteiligung am Kirchensteuereinzug).

Im Zusammenwirken führen die aufgezeigten religionskulturellen, religionsrechtlichen und religionspolitischen Entwicklungen dazu, dass die Neigung zurückgeht, religiöse Besonderheiten in der staatlichen Rechtsordnung zu berücksichtigen. Das erhöht den Druck auf das kirchliche Arbeitsrecht seit einigen Jahren erheblich.

IV. Gleichklang von Konsistenz in der theoretischen Begründung des kirchlichen Arbeitsrechts einerseits und Kohärenz in der praktischen Anwendung andererseits?

Die größte Herausforderung dürfte freilich nicht isoliert in diesen von außen auf die Kirche einwirkenden Faktoren liegen, sondern in der Suche nach einer adäquaten Reaktion: Wie kann unter veränderten Bedingungen der Gleichklang von Konsistenz in der theoretischen Begründung des kirchlichen Arbeitsrechts einerseits und Kohärenz in der praktischen Anwendung andererseits sichergestellt werden? Dieser Gleichklang ist in der Perspektive des säkularen Verfassungsrechts auch deshalb wichtig, weil die Intensität des freiheitsrechtlichen Schutzes für das kirchliche Arbeitsrecht auch von Plausibilisierung des religiösen Selbstverständnisses abhängig ist. Wer in der staatlichen Rechtsordnung die freiheitliche Rücksichtnahme auf die eigene religiöse Lehre verlangt und Dispense von allgemeinen Regeln begehrt, muss darlegen, dass er nicht missbräuchlich agiert.

Nimmt man nun die Loyalitätsrichtlinie als „letter law", lassen sich die normativen Leitlinien im Lichte der oben dargestellten Konzeption von Dienstgemeinschaft in sich stimmig darstellen. Das gilt auch für die Differenzierungen und Abstufungen in Fragen der Kirchenzugehörigkeit und Loyalitätsanforderungen. Die Loyalitätsrichtlinie der EKD sieht mit gut nachvollziehbaren Gründen Regel-Ausnahme-Verhältnisse vor. Die der

Kirchenrechtliche Herausforderungen für die Diakonie

Dienstgemeinschaft eigene Spannung von Dienst an der Welt und Zeugnis im Dienst werden so zum Ausgleich gebracht.

Doch schon ein flüchtiger Blick in die Praxis lässt Fragen aufkommen: Grundsätzlich ist *Kirchenzugehörigkeit* Voraussetzung für die Begründung eines kirchlichen Arbeitsverhältnisses. Doch kann das noch unter den Bedingungen weitreichender Entkirchlichung in Teilen Deutschlands funktionieren, wenn die Kirche zugleich expansiv als Träger sozialer Einrichtungen agiert? Wenn wegen der kirchensoziologischen Rahmenbedingungen in einigen Gliedkirchen ein Großteil der Dienstnehmerinnen und Dienstnehmer Nichtchristen sind, also die Ausnahme zur Regel wird? Lassen sich die aufgestellten Anforderungen noch unter den Bedingungen eines multireligiösen Zielpublikums in den Großstädten vermitteln?

Ähnliche Rückfragen stellen sich im Hinblick auf das *kirchliche Mitarbeitervertretungsrecht*. Die Mitarbeitervertretung hat Teil an den Kontrollfunktionen von Kirchenleitung. Es ist deshalb zunächst einmal nachvollziehbar, dass die Beteiligung von Nichtchristen an der Mitarbeitervertretung für die Kirche theologisch besondere Probleme aufwirft. Doch wenn sich die Kirche im Sinne eines Regel-Ausnahme-Verhältnisses für die Mitarbeit von Nichtchristen entscheidet, liegt es dann nicht nahe, diese Logik auch auf die Mitarbeitervertretung zu übertragen? Stellt die Mitarbeit eines nach § 4 Abs. 3 der Loyalitätsrichtlinie loyalen Mitarbeiters in der Mitarbeitervertretung die Kirchengemäßheit der Mitbestimmung wirklich in Frage?

Ein drittes Beispiel: die *Dienstgemeinschaft im Dritten Weg*. Der Dritte Weg ist wesentlich dadurch begründet, dass die Durchsetzung von ökonomischen Individualinteressen mit den Kampfmitteln des Arbeitsrechts in Spannung zum Leitbild der Dienstgemeinschaft steht. Dann aber muss dieses Leitbild auch voll entfaltet werden, wenn es um die Organisationsfähigkeit der Dienstnehmer geht. Zudem ist die bisherige Systemlosigkeit verschiedener von den Dienstgebern einseitig festgelegter Zuständigkeiten diverser Arbeitsrechtlicher Kommissionen und unterschiedlichster Arbeitsvertragsbedingungen in der evangelischen Kirche schwer erträglich. Denn die Festlegung der Lohn- und Arbeitsbedingungen erfolgt auf versteckte Weise hier nicht gemeinschaftlich, sondern einseitig durch die Dienstgeber. Das Bundesarbeitsgericht hat sehr sensibel auf diesen Befund reagiert und für solche Konstellationen entschieden, dass das Recht auf Streik als Teil der Koalitionsbetätigungsfreiheit dann nicht hinter die religiösen Freiheitsrechte der Kirchen zurückzutreten habe.[25]

Treten wir an dieser Stelle noch einmal zurück und lassen die beschriebenen Herausforderungen Revue passieren, kann man zwei Arten unterscheiden: Zum einen resultieren aus den Prozessen der Pluralisierung und Säkularisierung faktische Herausforderungen (Veränderung des Zielpublikums und seiner Bedürfnisse; aus funktionalen Notwendigkeiten und Strategemen begründete Anforderungen; schwindende gesellschaftspolitische Akzeptanz kirchlicher Besonderheiten). Zum anderen ergeben sich rechtliche Herausforderungen, die teils in justiziablen Anforderungen bestehen, teils aber auch eher weich gezeichnete Plausibilisierungsobliegenheiten betreffen.

Beide Arten von Herausforderungen werfen zusammen die Frage nach kirchenrechtspolitischen Spielräumen und möglichen Entwicklungspfaden auf.

V. Drei denkbare Entwicklungspfade: ein rechtspolitischer Ausblick

Drei denkbare Entwicklungspfade zeichnen sich in typisierter Betrachtungsweise auf.

1. Zum einen kann man die Herausforderungen zur Kenntnis nehmen und doch am Normbestand und Praxis des kirchlichen Arbeitsrechts unbeirrt festhalten. Für sich, als Rechtssystem betrachtet, sind die Grundlinien des kirchlichen Arbeitsrechts gut darstellbar, auch wenn man über Details der Ausgestaltung „rechtstheologisch" und „rechtspolitisch" trefflich streiten kann.

Doch in der Praxis gerät das System, wie gesehen, unter erhebliche Spannung. Anspruch und Wirklichkeit der Dienstgemeinschaft klaffen nach der Wahrnehmung vieler Betroffener und auch wohlmeinender Beobachter zu weit auseinander. Religiös begründete Konfessionserfordernisse verlieren in der Abwägung mit gegenläufigen säkularen Schutzinteressen (etwa:

Diskriminierungsverbot) an relativem Gewicht, wenn weiträumig diakonische Einrichtungen betrieben werden, in denen die evangelischen oder gar die christlichen Dienstnehmer die Minderheit bilden. Zudem ist wohl nicht jede diakonische Einrichtung in ihrer Rechtstreue über jeden Zweifel erhaben. Systematische Erhebungen („Dunkelfeldforschung") in dem Bereich gibt es nicht. Doch verdichten sich die Erzählungen vom Hörensagen, dass für manchen „Personaler" die Loyalitätsrichtlinie nur bedingt handlungsleitend ist.

Auf Dauer dürften durch diese Erscheinungen bedingte Inkonsistenzen und Inkohärenzen für den freiheitlichen Schutz des Kirchenrechts in der säkularen Rechtsordnung nicht folgenlos bleiben.

2. Ein alternatives Szenario besteht in der Konzentration auf die konfessionelle Prägung der Dienstgemeinschaft und damit auch der diakonischen Arbeit. Das in der Loyalitätsrichtlinie vorgesehene Regel-Ausnahme-Verhältnis in der Kirchenzugehörigkeit wird auch in der Praxis konsequent angewendet und durch aufsichtsrechtliche Instrumente nachgehalten. Damit ginge zwangsläufig entweder ein Rückbau der Diakonie in den Regionen einher, die von der Entkirchlichung besonders betroffen sind, oder eine Auslagerung bestimmter Aktivitäten in einen freien Verbandsprotestantismus ohne Zuordnung zur Kirche und damit außerhalb des Art. 140 GG i. V. m. Art. 137 Abs. 3 WRV. Einen vergleichbaren Weg geht die römisch-katholische Kirche, wenn sie darauf besteht, dass alle zugeordneten Einrichtungen die Grundordnung kirchlicher

Arbeit konsequent anwenden oder die Zuordnung aufgelöst wird.

3. Als drittes Szenario sind schließlich Veränderungen im kirchlichen Arbeitsrecht denkbar, die zu Abspannungen zwischen Theorie und Praxis führen. Unterscheidet man, wie oben ausgeführt, zwischen einer theologischen Reflexion kirchlichen Dienstes und seiner konkreten arbeitsrechtlichen Ausgestaltung, eröffnet sich auch kirchenrechtspolitisch Raum für Neujustierungen.

Ein denkbarer Weg wäre dabei, die in der Loyalitätsrichtlinie angelegten Stufungen zu verfeinern und einem Modell konzentrischer Kreise zu folgen. Theologisch könnte man dazu an der tradierten Unterscheidung zwischen Konstitutiva, Vitalia und Adiaphora kirchlichen Handelns anknüpfen.[26] Als Konstitutiva der Kirche beschreiben die Bekenntnisschriften die öffentliche Wortverkündigung und die ordnungsgemäße Verwaltung der Sakramente als glaubensbestimmte kommunikative Grundakte. Vitalia sind die aus dem Glauben motivierten weiteren Handlungen, insbesondere die Unterweisung (kirchliche Bildungsarbeit), aber auch der Dienst am Nächsten (Diakonie). Im Bereich der Vitalia trifft das kirchliche Handeln in der Regel auf Akteure mit ähnlichen Aktivitäten, aber anderer Motivation (etwa in der Wohlfahrtspflege). Die religiöse Grundierung kirchlichen Handelns läuft hier teils im Gleichklang mit gesellschaftlichen Funktionsbestimmungen und dem rechtlichen Ordnungsrahmen für diese Handlungsfelder. Sie kann aber eben auch quer dazu stehen. Adiaphora schließlich umfassen all die Aktivitäten, die personelle und sachliche Voraussetzungen für das kirchliche Handeln schaffen (z. B. Vermögens-, Personal- und Datenverwaltung). Von außen betrachtet sind sie kirchenunspezifisch. Die besondere Herausforderung kirchlichen Handelns besteht nun darin, den Bezug der Vitalia und Adiaphora auf die Konstitutiva immer wieder sicherzustellen.

Dem dient auch das kirchliche Arbeitsrecht. Von daher erklären sich Konfessionsanforderungen und Loyalitätsobliegenheiten. Die Frage ist nur, ob andere Ausgestaltungen des kirchlichen Arbeitsrechts theologisch verantwortbar, unter pragmatischen Gesichtspunkten sinnvoll sind und der Funktion, den Glaubensgrund allen kirchlichen Handelns durchscheinen zu lassen, gleichfalls genügen.[27] Im Rahmen einer rechtswissenschaftlichen Betrachtung lässt sich diese Frage nicht hinreichend beantworten. Das kirchenverfassungsrechtliche „Prinzip" der Dienstgemeinschaft (siehe oben II.) steht Modifikationen des kirchengesetzlichen Status quo nicht per se entgegen. Zugleich sind aber weitergehende theologische Reflexionen über die Eigenart des kirchlichen Dienstes, die Anforderungen der diakonischen Praxis und die staatskirchenrechtlichen Implikationen tiefergehender Systemeingriffe zu berücksichtigen, will man rechtspolitische Spielräume genauer bestimmen. Zur eigentlichen Entscheidung berufen ist der kirchliche Gesetzgeber, für die EKD also die Synode unter Mitwirkung der Kirchenkonferenz.

Aus rechtswissenschaftlicher Sicht lassen sich zu einer solchen Debatte immerhin folgende drei Beobachtungen beisteuern:

a) Schon die Loyalitätsrichtlinie unterscheidet zwischen dem kirchlichen Handeln und der Motivation des Dienstnehmers, wenn sie zulässt, dass Vitalia kirchlichen Handelns durch Nichtchristen vollzogen werden. Die Wahrscheinlichkeit der Erkennbarkeit kirchlichen als glaubensbestimmten Handelns lässt sich in der Diakonie auch durch geistliche Angebote einer Einrichtung, durch eine geistliche Leitungskultur und einer Fülle weiterer Faktoren erhöhen – Faktoren freilich, die durch das Recht nur sehr begrenzt beeinflusst werden können.

b) Im Vergleich zwischen der evangelischen und der römisch-katholischen Kirche fällt auf, dass letztere in ihrer Grundordnung des kirchlichen Dienstes mit der Frage der Kirchenzugehörigkeit von Mitarbeitenden (wohlgemerkt: anders sieht es bei den Loyalitätspflichten aus) entspannter umgeht (Art. 3–5 GrOKD). Nur pastorale und katechetische Aufgaben sind ausschließlich Angehörigen der katholischen Kirche vorbehalten; für erzieherische und leitende Aufgaben soll die Zugehörigkeit zur katholischen Kirche die Regel sein. Ansonsten bestehen für die Begründung eines Arbeitsverhältnisses keine fixen Zugehörigkeitsanforderungen. Lediglich der Austritt aus der römisch-katholischen Kirche ist ein klares Ausschlusskriterium (Art. 3 Abs. 4 GrOKD).[28]

Im Hintergrund könnten auch unterschiedliche Kirchenverständnisse stehen. Theologisch hat sich ein dreigliedriger Kirchenbegriff als sinnvoll erwiesen (ecclesia particularis, ecclesia universalis, ecclesia spiritualis).[29] Die römisch-katholische Kirche geht in ihrer Ekklesiologie von einer Deckung der drei Dimensionen des Kircheseins in ihrer eigenen organisatorischen Gestalt aus. Das schafft hohe Institutionsgewissheit. In der evangelischen Kirche hat sich hingegen eine Ekklesiologie ausgebildet, die von einem komplexeren Verweisungsverhältnis ausgeht;[30] das zieht einen höheren Bedarf institutioneller Selbstvergewisserung nach sich. Möglichweise ist das Verweisungsverhältnis von Partikularkirche und Gemeinschaft der Getauften deshalb auch stärker im kirchlichen Arbeitsrecht präsent. Doch gerade die evangelische Tradition der Unterscheidbarkeit (nicht Trennung) der drei Dimension des Kircheseins bietet auch Anknüpfungspunkte, das kirchliche Arbeitsrecht davon zu entlasten, die konkret-funktionale Dienstwahrnehmung (also jedweden Arbeitsplatz im kirchlichen Raum) zu spiritualisieren oder für das kirchliche Handeln gerade durch kirchenarbeitsrechtliche Bestimmungen Heilsvergewisserung zu suchen.

c) Bei der Suche nach Reformpotential wird man auch die Rückwirkungen auf das Religionsverfassungsrecht im Blick behalten müssen. Die Rechtsordnung erlaubt keine „Rosinenpickerei". Wenn eine Einrichtung in kirchlicher Trägerschaft jenseits der Leitungsperson kein kirchlich gebundenes Personal aufweist und auch sonst seine Kirchlichkeit nicht erkennbar ist, wird die Kirche schwerlich unter Berufung auf religiöse Freiheitsrechte umfangreiche Freistellungen von allgemeinen Vorgaben des staatlichen Arbeitsrechts (AGG, Kündigungsschutz, Streikrecht) durchsetzen können. Je weitmaschiger die kirchenrechtlichen Anforderungen an die religiöse Profilierung der Mitarbeiter, desto höhere Anforderungen bestehen für die Schärfung des religiösen Profils in den Arbeitsvollzügen, in der Organisation der Einrichtung, in geistlichen Angeboten. Aber die Kompensationsmöglichkeiten sind nicht unbegrenzt. Eine völlige Aufgabe des Erfordernisses der Kirchenzugehörigkeit im Bereich der Vitalia kirchlichen Handelns würde die Tektonik im kirchlichen Arbeitsrecht insgesamt verschieben.

VI. Ausblick

Das Ergebnis der vorstehenden Überlegungen mag unbefriedigend sein, weil sie eine klare Positionierung vermeiden. Doch die Rechtswissenschaft kann nur selten eindeutige Antworten auf rechtspolitische Fragen geben. Die besondere Aufgabe der wissenschaftlichen Politikberatung hat Max Weber einst prägnant benannt: Wissenschaft kann Konsequenzen bei der Wahl unterschiedlicher Optionen und Inkonsistenzen in ihren Begründungen benennen.[31] Dieser Aufgabe ist die Rechtswissenschaft in den letzten Jahren in Bezug auf zahlreiche Erscheinungen in der Praxis des kirchlichen Arbeitsrechts nachgekommen – und blieb in der diakonischen Praxis doch zumeist ungehört. Ob sich dieser Trend wohl bei der Suche nach Antworten auf die aus den Säkularisierungs- und Pluralisierungsprozessen entstehenden Herausforderungen fortsetzt?

Glaubwürdigkeit auf der Grenze

Theologische Überlegungen zur protestantischen Identität der Diakonie im Kontext religiöser und kultureller Pluralität

Christian Albrecht

Wozu braucht die diakonische Praxis die Theologie? Vor allem, um sich selbst besser zu verstehen. Die Theologie hat insofern eine hermeneutische Funktion für die diakonische Praxis. Sie liefert in erster Linie Unterscheidungen, Differenzierungen. Aber dann und wann hat die Theologie auch Begründungen zu liefern – Begründungen für (oder gegen) bestimmte diakonische Praxisformen.

Die Frage nach der Diakonie im Horizont religiöser und kultureller Pluralität ist eine solche Frage, die von der Theologie *Begründungen* bestimmter Praxisformen verlangt. Denn es steht ja nicht zuletzt die Frage nach der theologischen Legitimität bestimmter Praxisformen im Hintergrund: Darf man als evangelische Einrichtung auf religiöse und kulturelle Pluralität so weit eingehen, wie es hier und da geschieht oder erwartet wird? Welche theologischen Gründe lassen sich dafür anführen? Klar ist, dass zwar die jeweilige diakonische Arbeit gut ist – gut zum Beispiel deswegen, weil sie den Betroffenen nützt oder weil sie auf eine bestimmte Lage angemessen reagiert oder weil sie Sachzwängen folgt – aber diese gute Arbeit wird doch bisweilen mit einer leichten Unsicherheit im Hinterkopf geleistet: hält das alles noch theologischen Betrachtungen stand?[1]

Ich möchte im Folgenden keine Begründung von oben herab liefern, sondern die Frage nach der spezifisch christlichen, ja: nach der spezifisch protestantischen Identität der Diakonie im Horizont ihrer Öffnung für kulturelle und religiöse Pluralität am Beispiel faktischer Praxis beantworten.

Dazu beginne ich mit dem Blick in die Praxis des Umgangs mit Mitarbeitern, die keiner ACK-Mitgliedskirche angehören, also eine gewisse religiöse oder kulturelle Distanz gegenüber dem diakonischen Dienstgeber wahren. Das ist nicht nur ein Praxisproblem, das ohnehin hohe Relevanz genießt, sondern es ist auch ein Praxisfeld, auf dem erhebliche Fragen für die evangelische Identität der Diakonie ipso facto längst beantwortet sind – und zwar in einer theologisch gut begründeten Weise beantwortet sind, wie sich zeigen wird. Die *Pragmatik* auf diesem Feld des Umgangs mit nicht kirchlich gebundenen Mitarbeitern beantwortet die Frage nach der *Programmatik* in einer theologisch sehr anspruchsvollen Weise und zugleich in einer Weise, die sich leicht auf die Grundfrage nach der Identität der Diakonie im Horizont kultureller und religiöser Pluralität ausweiten lässt.

Glaubwürdigkeit auf der Grenze

Das möchte ich in acht Gedankenschritten entfalten und werde dabei einen Bogen abschreiten von der reformatorischen Lehre zur Identität Kirche bis hin zu den Leitungsaufgaben, die mit der Offenheit der Diakonie für religiöse und kulturelle Pluralität verbunden sind. Doch eine Vorbemerkung ist noch nötig. Die Frage, wie die theologisch-dogmatischen Bestimmungen, die ich im Folgenden heranziehe und interpretiere, sich verrechtlichen lassen, also in gültiges Kirchenrecht überführen lassen, ist eine Frage, die außerhalb meines Themas liegt und die ich nicht primär im Blick habe. Dass in kirchenrechtsetzender Hinsicht Spielräume bestehen, macht der voranstehende Beitrag von Hans Michael Heinig deutlich, an dessen Problemfaltungen hier in gewisser Weise angeknüpft wird. Die folgenden Erwägungen verstehen sich dabei aber lediglich als theologische Vorüberlegungen zu einer gegebenenfalls zu leistenden rechtlichen und praktischen Ausgestaltung dieser Spielräume.

I.

Ich beginne mit der Erinnerung an eine Forderung, die häufig zu hören ist: von den Mitarbeitern der Diakonie, gerade von den kirchlich nicht gebundenen Mitarbeitern der Diakonie müsse, so heißt es häufig, ein Bekenntnis zur Diakonie verlangt werden können. Ein Bekenntnis.

Das klingt auf den ersten Blick plausibel. Aber wirklich nur auf den ersten Blick, denn man fragt sich ja sofort: wie könnte ein solches Bekenntnis, ein Bekenntnis zu einer Institution wie der Diakonie, sinnvoll aussehen? Um der Sache auf die Spur zu kommen, lohnt sich der Blick in die protestantische Dogmatik. Dort ist das Problem ausführlich erwogen, und zwar im Zusammenhang der Frage, was die Kirchenzugehörigkeit des einzelnen ausmache. Die Grundzüge finden sich schon in den Lehrbildungen der Reformation. Daran möchte ich kurz erinnern, bevor ich diese Gedanken auf die Zugehörigkeit zur Diakonie beziehe.

In der Confessio Augustana, der 1530 entstandenen, grundlegenden Selbstauskunft der neuen reformatorischen Lehre, wird zunächst die Frage, was die Kirche sei, ausgesprochen formal und kurz beantwortet: die Kirche, so heißt es im siebenten Artikel, ist die Versammlung aller Gläubigen, bei denen das Evangelium rein gepredigt wird und die heiligen Sakramente laut dem Evangelium gereicht werden. Das ist knapp und konsequent. Der reformatorische Kirchenbegriff bringt damit die Folgen der Rechtfertigungslehre auf dem Gebiet des Kirchenverständnisses zur Geltung. Er konzentriert die Kirche auf die unter Wort und Sakrament versammelte Gemeinde, die sich im Glauben als Volk Gottes begreift. So entsteht die Kirche stets und immer von neuem *in der Praxis* des kirchlichen Lebens dadurch, dass Einzelne sich unter Wort und Sakrament stellen.[2] Wort und Sakrament sind als die Instrumente des Heiligen Geistes zu verstehen, und also wird die

Glaubwürdigkeit auf der Grenze

Kirche, die sich in der Versammlung unter Wort und Sakrament bildet, genau diese formale Verfassung als notwendig und hinreichend für ihr eigenes Bestehen und für die Zugehörigkeit der Einzelnen zu ihr halten. Die Kirche entsteht, darauf kommt es den Reformatoren entscheidend an, nicht durch die Zustimmung ihrer Mitglieder zu einem festgelegten Programm. Die Kirche ist auch nicht eine bloße Gesinnungsgemeinschaft, die in gemeinsamen Überzeugungen ihrer Mitglieder begründet wäre. Deshalb muss sie auf alle Zugehörigkeitsbedingungen verzichten, die über das Glaubensbekenntnis hinaus die Mitgliedschaft in der Kirche identifizierbar machten. Die Kirche und die Zugehörigkeit zu ihr sind ganz aus dem Rechtfertigungsgeschehen heraus zu verstehen, und dieses die Kirche sowie die Zugehörigkeit zu ihr begründende Rechtfertigungsgeschehen kann weder durch zusätzliche dogmatische Sätze noch durch Aktionen des Gemeindelebens limitiert oder dingfest gemacht werden. Zwar soll und kann natürlich der Rechtfertigungsglaube in solchen Lehrsätzen oder Lebensformen zum Ausdruck kommen. Sie sind Zeichen dieses Rechtfertigungsgeschehens. Aber diese Zeichen können nicht zur Bedingung ihres Grundes, des Rechtfertigungsgeschehens, gemacht werden.

Das hat, in der protestantischen Kirchengeschichte, zu zwei bedeutsamen Folgen geführt. Erstens musste die Praxis der reformatorischen Kirche auf jede Form innerer oder äußerer Eindeutigkeit, die mehr wäre als die Eindeutigkeit von Wort und Sakrament, verzichten. Zwar hat es immer wieder Unzufriedenheit mit dieser Minimalbestimmung gegeben und Bestrebungen, eine solche weitergehende Eindeutigkeit irgendwie herzustellen. Aber diese Bestrebungen haben sich auf Dauer nie gegen die aus dem Rechtfertigungsgeschehen gut begründeten formalen Minimalbestimmungen des evangelischen Kirchenbegriffs durchsetzen können. Denn sie hätten faktisch stets eine Zurücknahme der Zentralstellung des Rechtfertigungsgedankens bewirkt.

Die zweite Folge ist ebenso bedeutsam. Sie betrifft die Zugehörigkeit des Einzelnen zur Kirche. Die Bedingungen dieses Zugangs sind formal heruntergeschraubt: Wer sich zur Kirche hält, indem er – etwa bei seiner Taufe – das Bekenntnis nachspricht (oder stellvertretend durch seine Paten nachsprechen lässt), der gehört dazu. Es gibt keine irgendwie inhaltlich bestimmten Voraussetzungen, die erfüllt sein könnten. Die äußerliche und ganz formale Erklärung der Zugehörigkeit reicht aus. Zugleich ist die inhaltliche Ausfüllung dieses Verhältnisses ins Individuum verlagert. Es geht nicht mehr (wie in der katholischen Kirche) an, sich auf den Glauben der Kirche zu berufen. Der Einzelne muss nach evangelischem Verständnis für sich selbst sein eigenes und von ihm verantwortetes Verhältnis zur Kirche ausbilden. Er hat das geistliche Recht auf ein eigenes und selbstständiges Verhältnis zur Kirche, das die Notwendigkeit der selbständigen inhaltlichen Ausfüllung dieses Verhältnisses begründet.

Aber, und das ist das Entscheidende: die inhaltliche Ausfüllung dieses Verhältnisses kann im Protestantismus nicht irgendwie vorgeschrieben, festgestellt oder

Glaubwürdigkeit auf der Grenze

überprüft werden. Auch das ist eine Konsequenz der Rechtfertigungslehre. Wie der Einzelne dieses Verhältnis bestimmt oder führt, bleibt ihm selbst überlassen. Verantwortlich ist er Gott und sich selbst – aber nicht der Kirche oder ihren Repräsentanten. Bisweilen ist das, vor allem seitens der kirchlichen Repräsentanten, als unbefriedigend empfunden worden und man hat Versuche der inhaltlichen Fixierung oder auch der Kontrolle dieser Verhältnisbestimmungen, die der Einzelne vornimmt, unternommen. Aber es ist doch stets schnell klar geworden, dass all solche Versuche faktisch stets einen Widerspruch gegen den protestantischen Kerngedanken von der Rechtfertigung des Einzelnen durch Gott allein aus Gnade darstellen mussten. Und um diesen Kerngedanken nicht preiszugeben, hat man im Protestantismus die Einsicht akzeptiert, dass die ecclesia visibilis eben ein corpus permixtum darstellt, das außer wahrhaft Gläubigen auch falsche Christen, Heuchler und Sünder enthält (CA VIII). Und die Unterscheidung zwischen den wahrhaft Frommen und den falschen Frommen ist im Protestantismus Sache Gottes, nicht der Kirchenleitung.

Auf zwei naheliegende Versuche einer inhaltlichen Näherbestimmung und die Entgegnungen, die sie erfahren haben, muss ich kurz noch eingehen.

Der erste Versuch bestand in der Interpretation, dass ja schließlich das Mitsprechen des Glaubensbekenntnisses schon die Zustimmung zu dessen Inhalten erkennen lasse, und dass darum ein Kriterienkatalog gegeben sei, an dem die Rechtgläubigkeit des Einzelnen gemessen werden könnte. Demgegenüber hat die protestantische Lehrbildung immer wieder geltend gemacht, dass die Zustimmung zu einem Bekenntnistext, etwa die Zustimmung zum Apostolicum als Ausdruck des Glaubens, unmöglich die Zustimmung zu allen seinen *Inhalten* bedeuten könne, sondern die Zustimmung zum Bewusstsein, in dem das Bekenntnis verfasst sei oder zum Geist, der aus dem Bekenntnis spreche. Alles andere widerspräche dem Gedanken der Rechtfertigung allein aus Glauben: Das Glaubensbekenntnis ist die Antwort auf die Erfahrung der Geistgewirktheit, der Geschenktheit des Glaubens, nicht aber die Antwort auf eine etwaige Forderung nach inhaltlicher Besiegelung. Auch einer solchen Zustimmung durch das Mitsprechen des Glaubensbekenntnisses ist also bewusst ein stark formaler Charakter zugeschrieben worden: mehr ist im Protestantismus nicht möglich, weil es in die Glaubensführung des Einzelnen eingriffe.

Der zweite Versuch besteht in der Forschung nach den Motiven, die den Einzelnen zu seiner Kirchenzugehörigkeit bewegen könnten. Warum glaubst Du? Schlimmer noch: Warum möchtest Du dazu gehören? Am allerschlimmsten: Warum glaubst Du, dass Du dazu gehörst? Auch solchen Motivforschungen ist im Protestantismus der Riegel vorgeschoben, auch sie sind Einmischungen in die Glaubensführung des Einzelnen, der Gott und sich selbst verantwortlich ist, aber nicht dem Kleriker. Vor allem aber kann nicht verlangt werden, dass der Einzelne über dieses sein individuelles

Glaubwürdigkeit auf der Grenze

und hochpersönliches Gottesverhältnis in sprachlich reflektierter Form Auskunft geben muss. Nein, er *wird* für sich selbst wissen und er *muss* für sich selbst wissen, wo die inneren Gründe seines Zugehörigkeitsgefühls liegen. Der Institution hingegen muss die Erfüllung der äußeren, der formalen Gründe genügen. Das ist ein eherner Grundsatz.

Am deutlichsten und eindrücklichsten ist er von Luther im Traubüchlein 1529 formuliert worden – in einem etwas anderen Zusammenhang, aber für unsere Frage von zentraler Aussagekraft: „So jemand vom Pfarrherrn Gebet und Segen verlangt, zeigt er damit an, in welcher Fahr und Not er sich befindet, wenn ers gleich mit dem Munde nicht bekennet."[3] Motivforschungen finden nicht statt. Wer durch einen äußerlichen, formalen Akt signalisiert, dass er dabei ist, ist auch dabei.

II.

Man könnte die Überlegungen hier abbrechen und sagen: wenn die Taufe als formaler Grund der Zugehörigkeit zur Kirche ausreicht, dann können wir doch von den Mitarbeitern der Diakonie verlangen, dass sie sich taufen lassen und die Probleme wären gelöst. Doch das wäre ein Kurzschluss. Abgesehen davon, dass die Taufe damit einen Zwangscharakter bekäme, der weder der Taufe noch der Kirche noch der Diakonie noch der Gedeihlichkeit des Verhältnisses zu dem Mitarbeiter dienlich wäre, wäre mit einer solchen erzwungenen Taufe auch überhaupt nichts gewonnen. Denn sie löste die innerdiakonische Pluralität gar nicht auf und sie führte auch nicht zu einer Identität der Diakonie. Man gewönne mit solchen Zwangstaufen gar nichts, aber man verlöre viel. Vor allem verliert man den Blick auf die inneren Freiheitsspielräume, die die reformatorischen Bestimmungen eröffnen. Darum möchte ich diese vermeintliche Abkürzung hier nicht nehmen. Sie führt in eine Sackgasse. Die Sache ist komplizierter.

III.

Durch die reformatorischen Bestimmungen ist eine Vielzahl von individuellen Formen der Kirchenmitgliedschaft ermöglicht und legitimiert. Es gibt ganz unterschiedliche Weisen, die formal und eben *ausschließlich* formal begründete Kirchenmitgliedschaft inhaltlich auszufüllen. Es legt sich nun nahe, die reformatorischen Vorstellungen zur Mitgliedschaft in der Kirche auch auf die Frage nach der Zugehörigkeit zur Diakonie anzuwenden. Das gilt um so mehr, als die moderne Diakonie, im religionssoziologischen Sinne, ja längst nicht mehr eine Kommunitätendiakonie ist und auch keine Vereinsdiakonie, sondern volkskirchliche Diakonie. Das heißt: in ihren Einrichtungen und Unternehmungen spiegelt sich die religiös und christlich nur noch sehr schwer auf eine einheitliche inhalt-

Glaubwürdigkeit auf der Grenze

liche Bestimmung zu bringende Vielfalt der Kirchenmitgliedmitgliedschaft ab.[4]

So vielfältig wie die Motivkonstellationen für die Kirchenmitgliedschaft sind, so vielfältig sind auch die Motivkonstellationen derjenigen, die beruflich in der Diakonie tätig sind. Im reformatorischen Sinne ist das auch völlig legitim. Schon wenn man nur ganz grob zu unterscheiden versucht, wird man *bereits bei den kirchlich gebundenen Mitarbeitern* der Diakonie mindestens drei Gruppen finden, die ganz unterschiedlichen Motivbündeln folgen.[5] Die einen verstehen ihren Dienst explizit als praktische Realisierung ihres individuellen christlichen Glaubens, als Dienst im Auftrag des Herrn Jesus Christus. Sie tun ihre Arbeit aus innerer Berufung und wollen Gehilfen Gottes sein zum Heil des hilfebedürftigen Nächsten. – Eine zweite Gruppe unter den kirchlich gebundenen Mitarbeitern arbeitet in diakonischen Einrichtungen, weil sie mit Menschen und für Menschen arbeiten will – und zwar in einem Klima, das durch persönliche Wärme, durch persönliche Nähe und durch den Sinn für die Individualität der hilfebedürftigen als auch der helfenden Menschen gekennzeichnet ist. Diese Mitarbeiter wollen ihre Persönlichkeit vielseitig entfalten und wollen hilfsbedürftige Menschen vielseitig ansprechen. Sie wollen nicht unter dem Druck einseitiger Beanspruchung verkümmern. Sie finden das entsprechende Klima, die Hintergrundsvoraussetzungen solcher Arbeit, in der Diakonie. – Schließlich wird man eine dritte Gruppe identifizieren können. Zu ihr gehören diejenigen Mitarbeiter, die bei der Diakonie arbeiten möchten, weil sie an ihrem Lebensort nur dort einen sicheren Arbeitsplatz bekommen. Sie können, wie die Erfahrung zeigt, zuverlässig arbeiten, sich auf die klimatischen Bedingungen der Diakonie gut einstellen und loyal zur diakonischen Arbeit stehen.

Wir haben also eine innere Differenzierung der Motivlage schon unter den kirchlich gebundenen Mitarbeitern. Ein zusätzliches Bekenntnis zur Diakonie, um auf die die Ausgangsfrage zurückzukommen, ein weitergehendes Bekenntnis zur Diakonie als dasjenige, das sie faktisch ablegen dadurch, dass sie in diakonischen Einrichtungen arbeiten wollen, wird von ihnen nicht verlangt. Das wäre aus verschiedenen Gründen ganz absurd und unnötig. Vor allem aber, und darauf kommt es zunächst an: im Sinne der reformatorischen Lehre von der Zugehörigkeit des Einzelnen zur evangelischen Kirche und ich ergänze jetzt: zur evangelischen Diakonie ist es weder möglich noch nötig, ein weitergehendes Bekenntnis zu verlangen. Der Einzelne demonstriert durch seinen Wunsch, in der Diakonie arbeiten zu wollen, sein faktisches Zugehörigkeitsgefühl – und das reicht in seiner ganzen Formalität aus. Wie dieses Zugehörigkeitsverhältnis individuell motiviert ist und wie der Einzelne es inhaltlich ausfüllt, ist ihm selbst überlassen – es ist, theologisch gesprochen: seinem Gewissen überlassen.

IV.

Bislang ging es lediglich um die *kirchlich gebundenen* Mitarbeiter. Wie verhält es sich nun, und das ist die entscheidende Frage, bei den *kirchlich ungebunden* Mitarbeitern – bei denen, die keiner evangelischen Kirche angehören und auch keiner Mitgliedskirche in der ACK?

Es ist hilfreich, vor dogmatischen Erwägungen den Blick in die faktische Praxis zu richten. Wie äußern sich eigentlich die kirchlich ungebundenen Mitarbeiter der Diakonie? Ich möchte drei ganz kurze und recht zufällig ausgesuchte Schlaglichter präsentieren. Der erste Satz stammt von einer Frau, die in Mitteldeutschland Bereichsleiterin einer diakonischen Einrichtung für Wohn- und Eingliederungshilfen ist. Sie sagt als kirchlich Ungebundene: „Ich freue mich darüber, Teil des Teams zu sein, das die Strukturen aufgebaut hat. Wir sind hier mittlerweile als Diakonie präsent und das finde ich schon toll."[6] – „Wir als Diakonie", so sagt sie ganz selbstverständlich – als jemand, der nach Recht und Gesetz eigentlich nicht dazugerechnet werden dürfte. – Das zweite Votum stammt von einer türkischstämmigen Muslima, die dezidiert *als Muslima* in einer diakonischen Frauenberatungsstelle in Köln eingestellt wurde, um dort als Ansprechpartnerinnen für muslimische und türkische Frauen zu arbeiten. Sie sagt: „Wir bieten hier Beratung und Unterstützung für Frauen jeglichen Alters und Herkunft an. Bestimmte Erlebnisse, vor allem schlimme Erfahrungen, lassen sich einfach besser in der eigenen, vertrauten Sprache beschreiben. Zudem fühlen sich die Frauen besser verstanden, wenn die Person, der sie sich anvertrauen, sich mit den Traditionen und der Religion ihres Heimatlandes auskennt." Nur eines wünscht sie sich: „Dass es etwa bei den schönen Festen, die wir mit den Kollegen der Diakonie Michaelshoven zusammen feiern, auch internationale Speisen gibt."[7] – sie rechnet sich also so selbstverständlich zum Teil der Diakonie, dass sie ganz unbefangen das Eingehen der Evangelischen auf ihre muslimischen kulturellen bzw. religiösen Hintergründe fordert. – Der dritte Satz ist ganz kurz, er stammt von Friedrich Bartels, der als Vorsitzender des Pommerschen Diakonievereins Züssow 1990 die Übernahme von zahlreichen Mitarbeitern ehemaliger kommunaler Heime in Mecklenburg-Vorpommern in die Diakonie leiten musste. Diese Mitarbeiter waren größtenteils kirchlich ungebunden, es war zugleich klar, dass sie in ihren ehemals kommunalen, nun diakonischen Einrichtungen weiter arbeiten wollten und sollten. Die zahlreichen Gespräche, die Bartels mit den Mitarbeitern einzeln geführt hat und bei denen es natürlich auch um die Frage der Arbeit kirchlich ungebundener Mitarbeiter in der Diakonie ging und die guten Erfahrungen, die Bartels mit diesen Mitarbeitern gemacht hat, fasst er in dem Satz zusammen: „Ich habe eine so große Offenheit vorgefunden, wie ich sie selbst eingebracht habe."[8]

Die kurzen Stimmen zeigen: wir haben bei den kirchlich ungebundenen Mitarbeitern gar keine *strukturell* andere Situation als bei den kirchlich gebundenen. Sie wollen in den diakonischen Einrichtungen arbeiten. Sie wollen dazu gehören. Sie haben individuelle Motive, aber diese Motive fallen ins Reich des Individuellen. Wenn man die reformatorische Zurückhaltung gegenüber persönlich individuellen, inhaltlich gefüllten Bekenntnissen als Bedingung der Zugehörigkeit zur evangelischen Kirche ernst nimmt und nun auch auf die kirchlich ungebundenen Mitarbeiter ausdehnt, dann gibt es kaum gute Gründe und auch keine Notwendigkeit, weitergehende inhaltliche Bekenntnisse zu verlangen – Bekenntnisse, die über diese Bereitschaft zur Mitarbeit und eine dem diakonischen Dienstgeber angemessene Führung des Arbeitsverhältnisses hinausgingen. Um es klar und deutlich zu sagen: Es gibt für die Diakonie keine theologischen Gründe, über die knappen und absichtsvoll ganz formalen reformatorischen Bestimmungen zur Zugehörigkeit hinauszugehen.

V.

Die Sorge, die hinter dem eingangs genannten Wunsch stand, es sollten doch die nicht kirchlich gebundenen Mitarbeiter ein Bekenntnis zur Diakonie ablegen, ist damit natürlich nicht ausgeräumt. Denn hinter diesem Wunsch steht ja das Bedürfnis, es sollte die *christlich-kirchliche*, genauer: die *evangelische Identität der Diakonie* sichtbar werden und nicht verwässert werden durch zunehmende Öffnungen ins unbestimmt Multireligiöse.

Worin aber besteht diese evangelische Identität der Diakonie und wie kommt sie zustande? Zur Erwägung dieser Frage hilft wiederum die Theologie, genauer gesagt, der Blick in die oben schon genannten reformatorischen Bestimmungen zur Identität der Kirche. Die Identität der Kirche war, ich hatte das ausgeführt, in CA VII knapp, formal und unabhängig von dieser oder jener inhaltlichen Überzeugung ihrer Mitglieder bestimmt worden. Der Sache nach können und müssen diese reformatorischen Bestimmungen der Kirche auch auf die Diakonie übertragen werden. Das bedeutet zunächst einmal, dass eine formale und minimale Definition dessen, was die Diakonie sei, notwendig und ausreichend ist – zum Beispiel eine Definition wie die folgende: *Die Diakonie ist der Zusammenschluss all derjenigen Menschen, die sich im Namen des evangelischen Christentums den in Not und Bedürftigkeit geratenen Menschen mit praktischem sozialen Hilfehandeln zuwenden.* Das mag manchem zu wenig sein. Aber als Definition reicht es aus. Denn ihre konkrete Gestalt gewinnt die Diakonie – darin ganz der Kirche verwandt – stets und immer von neuem in der Praxis des diakonischen Lebens dadurch, dass Einzelne sich der – ganz knapp bestimmten – Diakonie zurechnen und in ihrem Namen tätig werden, zum Beispiel als Mitarbeiter. Die Diakonie entsteht, darin wieder der Kirche verwandt, also nicht durch die explizite inhaltliche Zustimmung ihrer Mitglieder zu einem bestimmten Arsenal an inhaltlichen Überzeugungen. Plakativ gesagt: die Identität der Diakonie kommt nicht erst durch das Bekenntnis der Mitarbeiter zu ihr zustande, sondern diese Identität liegt der individuellen Zugehörigkeit stets schon voraus. Die Diakonie ist keine Gesinnungsgemeinschaft, die erst in gemeinsamen Überzeugungen ihrer Mitglieder begründet wäre, sondern sie besteht vor diesen individuellen Überzeugungen und über diese hinaus.

Für die alltägliche Arbeit in den diakonischen Einrichtungen hat diese theologische Einsicht zunächst drei bedeutsame Konsequenzen. Erstens könnte sie eine gewisse Gelassenheit *aller Beteiligten* angesichts der immer wieder aufgeworfenen Frage nach der Identität der Diakonie bewirken. Diese Identität *besteht*. Sie muss nicht durch einzelne Überzeugungen oder einzelne Aktionen von Mitarbeitern oder Leitern diakonischer Einrichtungen produziert werden, und sie kann auch nicht durch einzelne Überzeugungen oder Aktionen gefährdet werden.

Zweitens, diese Gelassenheit schließt eine gewisse Entschärfung der Reizfrage nach der Einstellung kirchlich nicht gebundener Mitarbeiter ein. Diese Frage hat in theologischer Perspektive nicht mehr den Rang einer Glaubensfrage, sondern reduziert sich auf eine individuell zu lösende Frage. In einigen Fällen mag es pragmatische Argumente geben, dem Arbeitskräftemangel in bestimmten Bereichen abzuhelfen. In anderen Fällen gibt es sachnotwendige Gründe, etwa für die Migrantenarbeit gezielt nach Mitarbeitern zu suchen, die anderen Religionen und Kulturen entstammen. Entspannend ist vor allem die die theologisch gut begründete Einsicht, dass die fehlende Kirchenmitgliedschaft eines Mitarbeiters die Identität der Diakonie so wenig gefährden kann wie umgekehrt die Kirchenmitgliedschaft eines Mitarbeiters schon eine hinreichende Garantie für das diakonische Profil seiner Arbeit oder seiner Einrichtung darstellt.

Die dritte Konsequenz scheint mir die bedeutsamste zu sein. Die bisherige, ausführliche theologische Durchleuchtung des Problems kirchlich nicht gebundener Mitarbeiter zeigt, dass dieses Problem im Kern eine Aufgabe der *Leitung* ist, und zwar in einem ganz konkreten Sinne. Denn Leitung angesichts dieser Frage nicht kirchlich gebundener Mitarbeiter setzt unabdingbar Vertrauen voraus: Vertrauen in die überpersonale Stabilität der diakonischen Identität, Vertrauen aber insbesondere in die Mitarbeiter. Wenn sich aus theologischen Gründen Motivforschungen ebenso verbieten wie die Forderung nach zusätzlichen inhaltlichen Bekenntnissen zu dieser oder jener Überzeugung, dann bleibt tatsächlich nur Vertrauen – Vertrauen in die Loyalität der Mitarbeiter, Vertrauen in ihre Bereitschaft und ihre Fähigkeit, die ihnen übertragenen Aufgaben im christlich-kirchlichen Sinne zu erfüllen auch dort, wo die Leitung dem Mitarbeiter nicht direkt über die Schulter schaut.

Und tatsächlich dürfte diese gedankliche Konsequenz aus den theologischen Überlegungen die realen Verhältnisse in den diakonischen Einrichtungen und bei den Mitarbeitern ziemlich genau widerspiegeln. Denn die Erfahrung zeigt, dass alle Kontrolle sowie alle Einhaltung formaler Richtlinien und aller formalen Anforderungen an die Kirchenzugehörigkeit bzw. Loyalität doch niemals das Vertrauen in den Mitarbeiter ersetzen können, da nur das Vertrauen jene motivierenden Kräfte freisetzen kann, die gebraucht werden. Zugleich zeigt sich, dass solches Vertrauen in vielen Fällen auch schon die hinreichende Voraussetzung für die Loyalität der Mitarbeiter darstellt. Und schließlich gilt die alte Erfahrung aller Leiter: Man bekommt von seinen Mitarbeitern stets genau so viel Vertrauen zurück wie man ihnen entgegenbringt – nicht mehr und nicht weniger.

Ich komme auf diese Leitungsaufgaben später noch einmal zurück. Zunächst muss ein vordringlicheres Problem erwogen werden.

VI.

Bis hierher konnte es scheinen, als hätte ich nur über das Problem unkirchlich gebundener Mitarbeiter geredet und die Frage nach der Glaubwürdigkeit der Diakonie im Horizont kultureller und religiöser Pluralität in der Verengung auf die Mitarbeiter erwogen. Doch das wäre ein falscher Eindruck. Denn tatsächlich bildet der Umgang der Diakonie mit den nicht kirchlich gebundenen Mitarbeitern jenen Präzedenzfall, an dem vieles von dem exemplarisch deutlich wird, was die Diakonie auch in den zwei anderen Dimensionen religiöser und kultureller Pluralität bestimmt, nämlich in dem Verhältnis zu den Klienten der Diakonie und im Verhältnis zu den Kooperationspartnern der Diakonie. Manche Fragen, die hier erwogen wurden, wiederholen sich dort. Vor allem aber zeigt sich: wenn die Diakonie ihren nicht kirchlich gebundenen Mitarbeitern in theologisch begründeter Haltung begegnet, steigert dies ihre Glaubwürdigkeit in den Augen ihrer Klienten und in den Augen ihrer Kooperationspartner. Doch der Reihe nach.

Manche Fragen, die im Blick auf die nicht kirchlich gebundenen Mitarbeiter erwogen wurden, wiederholen sich im Verhältnis zu den religiös oder kulturell anders herkünftigen Klienten der Diakonie und im Verhältnis zu den religiös oder weltanschaulich anders orientierten Kooperationpartnern der Diakonie. Und es fallen die Antworten analog aus.

Es ist grundsätzlich, und zwar aus theologischen Gründen, unangemessen, eine Motivforschung vorzunehmen oder ein über den Akt der Hinwendung zur Diakonie hinausgehendes Bekenntnis zu verlangen. So sehr sich das im Fall der nichtkirchlich gebundenen Mitarbeiter verbot, so sehr verbietet es sich auch im Falle der Klienten und der Kooperationspartner. Klienten werden schon wissen, warum sie sich in Einrichtungen der Diakonie begeben. Und Kooperationspartner werden ihre Gründe haben dafür, warum sie mit Diakonie kooperieren wollen – „auch wenn sie's mit dem Munde nicht bekennen", um diesen Satz Luthers noch einmal aufzunehmen. Auch dem nicht kirchlich gebundenen Klienten, auch dem weltanschaulich anders orientierten Kooperationspartner wird, aus theologischen Gründen, nicht ins Herz geschaut. Für alle gilt, wie für die nichtkirchlichen Mitarbeiter: wer durch einen äußerlichen Akt signalisiert, dass er dabei sein möchte, muss nicht durch eine zusätzliche Bekenntniskontrolle gehen. Eine solche wäre aus den genannten theologischen Gründen ganz unangemessen, aber es kommt etwas hinzu, das auch schon im Falle der Mitarbeiter angesprochen wurde. Die evangelische Diakonie besteht unabhängig von der expliziten Zustimmung oder Nichtzustimmung nichtkirchlicher Klienten oder nichtkirchlicher Kooperationspartner zu dieser Identität. Und die Diakonie hat überhaupt keinen Grund zu der Sorge, es könnte diese *unabhängig* von der Zustimmung einzelner Klienten oder Kooperationspartner bestehende, *institutionelle Identität* verloren gehen, wenn man nichtkirchliche Klienten oder nichtkirchliche Kooperationspartner akzeptierte.

Gerade im Kontext religiöser und kultureller Pluralität erweist die Diakonie ihre evangelische Identität dadurch als stabil, dass sie ein gelassenes, unaufgeregtes und unängstliches Verhältnis zu dieser Identität pflegt. Alles andere wäre doch kleingläubig. Wo die Diakonie glauben würde, sie müsse ihre Identität erst produzieren und ängstlich hüten, voller Sorge, dass sie verloren gehen könnte in dieser oder jener religiösen oder kulturellen Öffnung, da nährte sie doch den Zweifel daran, ob sie sich ihrer Identität so sicher sei. Nein, im Blick auf nichtkirchliche Klienten und nichtkirchliche Kooperationspartner gilt das gleiche, was schon im Blick auf die nichtkirchlichen Mitarbeiter galt: Die vor aller und unabhängig von aller expliziten und bekenntnishaften Zustimmung durch Einzelne bestehende, institutionelle evangelische Identität der Diakonie erweist sich deswegen als stabil und vertrauenswürdig, weil diejenigen evangelischen Partner, die zur Diakonie gehören und die Diakonie tragen, selbst Vertrauen in diese Identität haben und sie nicht ängstlich hüten müssen.

Das wären also einige Fragen, die hinsichtlich der Mitarbeiter schon erwogen wurden und die nun im Verhältnis zu den Klienten und zu den Kooperationspartnern analog beantwortet werden können. Doch es gibt, wie gesagt, noch eine andere, sehr viel grundsätzlichere Ebene, auf der das Verhältnis, das die Diakonie zu den nicht kirchlich gebundenen Mitarbeitern hat, exemplarischen Charakter hat für ihre Glaubwürdigkeit.

Denn in ihrem Verhältnis zu den eigenen Mitarbeitern zeigt die Diakonie exemplarisch, dass sie ihre evangelische Identität für stark hält – für so stark, dass diese evangelische Identität durch die interne religiöse und kulturelle Pluralisierung der Diakonie nicht gefährdet werden kann. Im Verhältnis zu ihren Mitarbeitern, also im Verhältnis zu nichtevangelischen religiösen und kulturellen Prägungen zeigt die Diakonie sich *exemplarisch* als glaubwürdig in der Pluralität. Denn das kulturell oder religiös Andere im eigenen Haus wird einerseits nicht argwöhnisch beäugt und ausgegrenzt, es wird andererseits auch nicht einfach in-

Glaubwürdigkeit auf der Grenze

kludiert mit dem entsprechenden Besitzanspruch, der dahinter stünde. Es wird nicht kontrolliert und nicht korrigiert, sondern es wird das religiös und kulturell Andere als nun einmal existierend und als die evangelische Identität der Diakonie nicht erschütternd angenommen.

Durch diesen Umgang mit dem religiös und kulturell Anderen zeigt die Diakonie sich als glaubwürdig in der Pluralität, weil sie zu ihrer eigenen, inneren religiösen und kulturellen Vielfalt steht. Sie versucht gar nicht erst, den Anschein innerdiakonischer religiöser oder kultureller Homogenität zu erwecken. Durch den Umgang mit ihren Mitarbeitern vermeidet die Diakonie von vornherein gegenüber all ihren Klienten und all ihren Kooperationspartnern die illusionäre Gegenüberstellung der evangelischen Diakonie als eines einheitlichen, geschlossenen religiösen und kulturellen Korpus hier und der unübersichtlich vielfältigen Welt dort. Nein: der beste Beweis dafür, dass die Diakonie den theologischen Gedanken von der Legitimität religiöser und kultureller Pluralität ernst nimmt, besteht darin, dass sie selbst eine solche plurale Gestalt hat. Das dürfte das Vertrauen der Klienten und Kooperationspartner in die Diakonie stärken und führt damit, ich deute das nur an, auch zu einer Stärkung der Marke „Diakonie" auf dem umkämpften Sozialmarkt.

VII.

Eine solche theologisch begründete, entschlossene und gelassene Selbsteinstellung der Diakonie auf die religiösen und kulturellen Pluralitäten bedeutet einige Aufgaben, und zwar durchweg Leitungsaufgaben auf verschiedener Ebene. Zwar überschreitet dies das eigentliche Thema meines Beitrags, ich deute diese Aufgaben zum Schluss gleichwohl an.

Die erste Aufgabe ist eine rechtliche Aufgabe. Die theologischen Überlegungen legen die Konsequenz nahe, dafür Sorge zu tragen, dass die rechtlichen Rahmenbedingungen für die religiöse und kulturelle Pluralitätsfähigkeit der Diakonie erhalten bleiben und stabilisiert werden. Das ist insofern auch ein persönliches, theologisches Plädoyer im Rahmen der juristischen Problemstellungen, die Hans Michael Heinig oben entfaltet hat. Diese juristischen Problemstellungen bestehen doch im Kern darin, dass theologische Grundsätzlichkeiten einerseits und der Rechtspositivismus andererseits relativ unvermittelt nebeneinander stehen. Die denkbare Lösung einer Angleichung der Praxisrealität an die Rechtsnormen liefe auf einen konfessionellen Rückbau und die Konzentration der Diakonie aufs Kerngeschäft mit den Evangelischen hinaus – das bedeutete meines Erachtens, aus den genannten theologischen Gründen, eine Gefährdung der Glaubwürdigkeit der Diakonie. Die theologische Begründung für die innere Pluralität läuft doch eher darauf hinaus, dass in strittigen Fragen eine Einzelfallprüfung notwendig ist.

Glaubwürdigkeit auf der Grenze

Faktisch wird in der Bewältigung von Konfliktfällen mit Mitarbeitern in der Praxis der diakonischen Arbeit ja auch genau so verfahren. Und da das in der Praxis sowie unter theologischen Gesichtspunkten überzeugend ist, könnte die Diakonie sich beherzt auch für die rechtliche Absicherung dieser Praxis und die rechtliche Klärung einiger der angedeuteten juristischen Unbestimmtheiten einsetzen. Das grundsätzliche Ziel, das die Diakonie dabei selbstbewusst verfolgen sollte, besteht stets in einer Angleichung des positiven Rechts an die praktisch erfolgreichen und theologisch legitimen Realitäten – nicht umgekehrt im Ziel einer Anpassung der Realitäten an das gegebene Recht.

Die zweite Aufgabe ist eine betriebswirtschaftliche oder Management-Aufgabe. Die interreligiöse und interkulturelle Öffnung, die die Diakonie sich aus guten theologischen Gründen auf die Fahnen schreiben kann, bedeutet, dass sie dieses Konzept auch in ihre ökonomischen Strategien implementieren könnte. Aus der bislang doch noch weitgehend verschämt so genannten „interkulturellen Öffnung" könnte dann eine offen angesprochene Strategie im Sinne des inzwischen sogenannten Diversity Managements werden. Der Unterschied besteht darin, dass die interkulturelle Öffnung im Konzept des Diversity Managements systematisch eingebunden würde in die spezifische Zweck- und Funktionsbestimmung der Organisation, dass sie nicht ein Selbstzweck oder Ornament wäre, sondern dass sie als strategische und operative Zielvorstellung in die Organisations-, Personal- und Qualitätsentwicklung mit den dafür notwendigen Methoden und Instrumenten einginge und durchaus bei der Positionierung auf dem Sozialmarkt eingesetzt werden könnte. Ich kann das hier nur andeuten, aber es scheint mir erwägenswert.[9]

Die dritte Leitungsaufgabe ist die wichtigste, es ist eine Bildungsaufgabe. Die Diakonie übernimmt Verantwortung für die ihr Anvertrauten auch dadurch, dass sie diesen die Selbstverantwortung fürs eigene Dasein nicht abnimmt, sondern deren Selbständigkeit und Orientierung so weit wie möglich fördert. Wenn unter den Mitarbeitern, unter den Klienten und unter den Kooperationspartnern sich zunehmend nicht kirchlich gebundene, nicht religiös verwandte und kulturell anders herkünftige Menschen finden, dann könnte es an der Zeit sein, eine alte Aufgabe der Diakonie neu zu entdecken, die der Verschränkung von tatkräftiger diakonischer Arbeit und Katechese. Den Gründungsvätern der modernen Diakonie in der Mitte des 19. Jahrhunderts war diese Verschränkung von Diakonie und Katechese selbstverständlich, und sie wussten genau, wo sie ansetzen mussten: bei der Bildung ihrer Mitarbeiter, damit diese religiöse Selbständigkeit gewannen. Dieses Ziel der Weiterbildung der Mitarbeiter ist, wenn ich es richtig sehe, insbesondere bei der Ausdehnung der Diakonie in den ostdeutschen Bundesländern und überall dort, wo die Integration zahlreicher nichtkirchlich gebundener Mitarbeiter notwendig wurde, wieder in den Blick gerückt. Viele Weiterbildungsangebote für alle Mitarbeiter, egal welcher couleur, hat es hier gegeben, Inhalte sind biblische Texte und Fragen des christlichen Glaubens und der christlichen Ethik, Geschichte der Diakonie, Selbstverständnis der Diakonie und Selbstverständnis der konkreten diakonischen Einrichtung. Mir scheint, dass es eine verantwortungsvolle und eine effiziente Einstellung der Diakonie auf den Horizont der religiösen und kulturellen Pluralität nicht geben kann ohne eine entschlossene Wiederentdeckung dieser ganz gezielten Bildungsaufgaben, die eben nicht allein den Pfarrern und Lehrern überlassen bleiben sollte, sondern die die Diakonie auch selbst in die Hand nehmen muss.

VIII.

Die hier vorgestellten theologischen Begründungen für die Legitimität einer entschlossenen Einstellung der Diakonie auf die Horizonte religiöser und kultureller Pluralität mögen dem einen zu weit gehen, dem anderen nicht weit genug. Sie mögen in manchen Problemhinsichten für Klarheit sorgen, in anderen Problemhinsichten jedoch die erwünschte Eindeutigkeit vermissen lassen. In der Tat ist es so: eine theologische Begründung, die allen Ansprüchen gleichermaßen gerecht wird und alle Einzelfälle über einen Kamm schert, kann es im Protestantismus nicht geben. Im Protestantismus haben theologische Begründungen die Aufgabe, grundsätzliche Perspektiven mit dem Einzelfall zu vermitteln. Alles andere wäre unglaubwürdig. Glaubwürdigkeit entsteht nicht zuletzt aus dem Bewusstsein der

Differenz zwischen dem grundsätzlich Wünschenswerten und dem individuell Gegebenen. Und die Glaubwürdigkeit der Diakonie entsteht nicht zuletzt aus der theologischen Aufgeklärtheit der Diakonie über die Durchlässigkeit der Grenze zwischen sich selbst und den religiös oder kulturell „anderen". Die theologische Glaubwürdigkeit der Diakonie muss, so zeigte sich, weder an dieser Grenze halt machen noch geht sie mit dem Überschreiten dieser Grenze verloren.

„Dienstgemeinschaft"

Zur Pluralitätsfähigkeit einer diakonischen Pathosformel

Christian Albrecht

Der Versuch, dem für das Selbstverständnis der Diakonie zentralen, aber nicht unproblematischen Begriff der „Dienstgemeinschaft" einen theologischen Sinn abzugewinnen, basiert auf vier Voraussetzungen.[1]

Erstens, der Begriff der Dienstgemeinschaft ist (von einer Spezialbedeutung in der DDR abgesehen) ein Begriff, der der Begründung von Besonderheiten des kirchlichen Arbeitsrechts dient. Die Karriere des Begriffs beginnt in den 1950er Jahren[2], der Begriff ist zunächst überwiegend von Juristen lanciert worden. Die – sehr zögerliche – theologische Rezeption des Begriffes setzt erst in den späten 1980er Jahren ein.[3]

Die zweite Voraussetzung lautet: Der Begriff ist theologisch nicht unumstritten. Genauer müsste man sogar sagen: der Begriff polarisiert. Es handelt sich beim Begriff der Dienstgemeinschaft um ein von Juristen nahegelegtes Theologoumenon, dem erhebliche Begründungslasten in den Argumentationen für den Dritten

Weg zugemutet werden. Die Polarität der theologischen Rezeption macht deutlich, dass dem Begriff zwar eine gewisse theologische oder vielleicht sollte man besser sagen: religiöse Evidenz nicht abzusprechen ist, dass er zugleich aber eine Anfälligkeit dafür zeigt, implizite moralische Forderungen nach Rechtsverzicht von Mitarbeitern mit autoritativem Anspruch zu versehen.

Gleichwohl gilt die dritte Voraussetzung. Sie besagt, dass die Kirchen, die Diakonie und die sie begleitende Theologie an dem Begriff der Dienstgemeinschaft aus religionsverfassungsrechtlichen Gründen festhalten sollten, da er der juristisch eingespielte Schlüsselbegriff für den staatskirchenrechtlichen Sonderstatus des kirchlichen Arbeitsrechtes ist und da die theologische Preisgabe des Begriffs diesen Status in juristischer Hinsicht gefährden dürfte. Aber die juristische Lancierung des Begriffs der Dienstgemeinschaft normiert noch keine theologischen Inhalte. Die Formel von der Dienstgemeinschaft inhaltlich zu füllen, ist eine Aufgabe der Theologie.

Damit ist schon die vierte Voraussetzung angesprochen. Die genannte theologische Aufgabe ist höchst aktuell, wie die arbeits- und tarifrechtlichen Auseinandersetzungen um die diakonischen Dienstverhältnisse in jüngster Zeit eindrücklich gezeigt haben. Diese diakonischen Dienstverhältnisse stehen auch im Hintergrund meiner Überlegungen; wo ich mich auf Struktur und Gestalt der Dienstgemeinschaft beziehe, habe ich insbesondere die Arbeitsbedingungen in diakonischen Unternehmen vor Augen. Alle folgenden Überlegungen über die diakonischen Dienstgemeinschaften gelten zwar analog selbstverständlich auch für die kirchlichen Dienstgemeinschaften, von Aktualität sind sie gegenwärtig aber in Bezug auf die Diakonie.

Unter diesen vier Voraussetzungen möchte ich zunächst die Ambivalenz der theologischen Rezeption des Dienstrechtsbegriffs vor Augen führen. Dazu sollen zwei exemplarische Zitate dienen.

Gottfried Buttler fasste in der TRE 1990 die theologische Skepsis gegenüber dem Begriff folgendermaßen zusammen:

„Mit dem Begriff ‚Dienstgemeinschaft' als ‚Ordnungsbegriff' soll Barmen IV Rechnung getragen werden. Er verschleiert aber die jetzt in Praktischer Theologie wie Kirchenrecht gesehenen durch unterschiedliche Dienstverhältnisse gegebenen Probleme [...]. So wird ‚Dienstgemeinschaft' als ‚Ideologie' empfunden, zumal wenn der Begriff in seiner Anwendung zur Begründung des ‚Dritten Weges' zur Minderung von Rechtsdurchsetzungsinstrumenten genutzt wird. Zu solcher Sicht führt auch, daß allgemein ‚Dienst' als theologischer Kernbegriff verwendet wird (bis zum Rekurs auf den ‚christos diakonos'), daß er aber in jüngster Ethik und Praktischer Theologie keine ‚demokratische' Interpretation fand. Dann aber bleibt das vor-demokratische ‚Dienstethos' wirksam, vor allem wenn es sich gegenüber mehrheitlich mitarbeitenden Frauen mit bleibend patriarchalen Haltungen verknüpft, aber auch, wenn es mit konfliktausweichendem Verhalten, verstanden als ‚Brüderlichkeit', verbunden bleibt."[4]

Ganz anders hört es sich, an, wenn Nikolaus Schneider in einem Vortrag 2012 den Dienstrechtsbegriff verteidigt:

„Wir stehen im kirchlichen Dienst gemeinsam in einer Dienstgemeinschaft. Der Begriff ‚Dienstgemeinschaft' hat für mich eine unaufgebbare theologische Qualität: Wir arbeiten gemeinsam im und für den Auftrag unseres Herrn Jesus Christus! Wir wollen einander und der Welt dienen, ein jeder und eine jede mit den Gaben, die sie empfangen haben, als gute Haushalter und Haushalterinnen der mancherlei Gnadengaben Gottes (vgl. 1. Petrus 4,10). Von uns gemeinsam – unabhängig von unserer beruflichen Funktion oder Stellung – hängt es ab, ob und inwieweit diese Dienstgemeinschaft gelebt wird. Und ob in ihr unser Verkündigungsauftrag, der allen kirchlichen Diensten gemeinsam aufgetragen ist, mit Leben gefüllt wird. Ich halte die Wahrung dieser Dienstgemeinschaft für unverzichtbar bei der Erfüllung unseres kirchlichen Auftrags. Wir dürfen sie uns nicht von außen zerreden und in Frage stellen lassen – etwa durch die Diskussion darüber, was als ‚verkündigungsnahe' und was als ‚verkündigungsferne' Aufgabe innerhalb unserer kirchlichen Dienste gelten kann."[5]

Bei dem Begriff der Dienstgemeinschaft handelt es sich, wie man an den beiden Zitaten gut sehen kann, ersichtlich um eine Pathosformel, die – zumal in diakonischen Unternehmen – ähnliche Funktionen hat oder haben soll wie die Beschwörung der Betriebsfamilie in Wirtschaftsunternehmen – und die darum auch vergleichbarer Kritik anheimfällt. Wie aber kann der Begriff theologisch sinnvoll rekonstruiert werden?

Dazu bemühe ich eine der klassischen Formulierungen, die der programmatische Appell an die Idee der Dienstgemeinschaft gefunden hat, zum Beispiel in der Präambel des Mitarbeitervertretungsgesetzes der

„Dienstgemeinschaft"

EKD. Dort heißt es: „Die gemeinsame Verantwortung für den Dienst der Kirche und ihrer Diakonie verbindet Dienststellenleitungen und Mitarbeiter wie Mitarbeiterinnen zu einer Dienstgemeinschaft."[6] Auffällig ist ja folgendes: Es ist gar nicht ganz klar, ob dieser Programmsatz eine Tatsache beschreibt oder eine Erwartung. Anders gesagt: es ist offen, ob der Satz eine Beschreibung der empirischen Realität in den kirchlichen und diakonischen Einrichtungen zu sein beansprucht oder ob er einen erst noch anzustrebenden Idealzustand als Zielperspektive markieren will.

Der theologischen Reflexion sind solche Perspektivendifferenzen vertraut. Eine solche Differenz taucht an prominenter Stelle zum Beispiel auch dort auf, wo man von der Gemeinschaft der Christen redet, von der Kirche. Denn als „Kirche" bezeichnet wird bekanntlich sowohl die empirische Kirche als auch die Kirche des Glaubens. Und es hat seinen guten Grund, dass beides mit demselben Begriff bezeichnet wird. Denn dadurch ist zum einen die bleibende, unauflösliche Spannung zwischen religiöser Idealgestalt der Kirche und empirischer Realgestalt markiert. Vor allem aber wird die Bezogenheit beider aufeinander festgehalten, und zwar so, dass die Idealvorstellung der geistlichen Heilsgemeinschaft das Prinzip zur Beurteilung und Gestaltung des jeweiligen empirischen Sozialverbandes bezeichnet. Dabei ist ebenso selbstverständlich, dass die Idealvorstellung der geistlichen Heilsgemeinschaft „Kirche" sich niemals in dem empirischen Sozialverband „Kirche" vollständig realisieren lässt – wie umgekehrt klar ist, dass die menschlich-geschichtliche Einrichtung „Kirche" niemals zur pneumatologischen Heilsanstalt werden kann. Aber das geistliche Idealbild der Kirche bildet, wie gesagt, das Prinzip zur Beurteilung und Gestaltung der empirischen Realität der Kirche. Das heißt, es soll Orientierungen schaffen und Zielvorstellungen umschreiben, zugleich aber das Bewusstsein der Unvollkommenheit des realen Sozialverbandes festhalten und, vor allem, den realen Sozialverband vor religiösen Überhöhungen oder geistlichen Überfrachtungen bewahren. Die empirische Kirche ist, in der lutherischen Tradition, durchaus ein weltlich Ding, in dem zwar an Gottes Gebot orientierte, aber im Kern doch weltliche Rechtsordnungen gelten.

Es ist durchaus möglich, diese spannungsreichen Bestimmungen des christlichen Gemeinschaftsverbandes „Kirche" ihrer Struktur nach auf die diakonischen Gemeinschaftsverbände der Dienstgemeinschaft zu übertragen. Und es dürfte, so meine These, dies auch der sinnvolle Weg einer theologischen Rekonstruktion des Begriffes sein, der zudem die erkennbaren Spannungen in der theologischen Rezeption aufnimmt und erklärbar macht.

Denn der Begriff der Dienstgemeinschaft als Idealbegriff bringt den Umstand zum Ausdruck, dass die in der Diakonie Arbeitenden durch mehr zusammengeschlossen sind als durch eine zufällige Zusammenarbeit. Vielmehr haben sie ihre darüber hinausgehende Gemeinsamkeit darin, dass sie sich – auf freilich individuell bestimmte Weise – mit den Gründen identifizieren, die zur Existenz der Diakonie geführt haben. Denn die Diakonie ist nicht irgendein Wirtschaftsunternehmen, auch nicht irgendein Sozialunternehmen, sondern die Diakonie ist der Zusammenschluss all derjenigen Menschen, die sich im Namen des evangelischen Christentums den in Not und Bedürftigkeit geratenen Menschen mit praktischem sozialen Hilfehandeln zuwenden. Noch einmal: wie die Beteiligung der Einzelnen im Detail motiviert oder begründet ist, bleibt eine Angelegenheit des Individuums. Darauf kommt es in diesem Zusammenhang nicht an. Entscheidend ist, dass in ihrem idealbegrifflichen Sinne die Dienstgemeinschaft durch den Zusammenschluss von Mitarbeitern konstituiert ist, die im Namen des evangelischen Christentums Sozialarbeit leisten.

Von diesem Idealbegriff zu unterscheiden ist der Realbegriff der Dienstgemeinschaft, der den organisatorischen Zusammenhang der Mitarbeiter bezeichnet. In diesem Real-Sinne ist die Dienstgemeinschaft eine Arbeitsgemeinschaft, für die Bedingungen und Regelmäßigkeiten gelten, denen moderne wirtschaftliche Arbeitsgemeinschaften ganz generell und überall unterliegen. Dazu zählen etwa Notwendigkeiten wie die der Professionalität, der Arbeitsteilung, der – auch hierarchisch strukturierten – Aufteilung von Zuständigkeiten und Verantwortlichkeiten, der Ausmittlung von Rechten und Pflichten der Arbeitenden gegenüber einander und gegenüber der arbeitgebenden Organisation – und nicht zuletzt zählen dazu notwendige Regelungen zur Entlohnung dieser Arbeit.

Diese beiden Perspektiven des Begriffs der Dienstgemeinschaft, der Idealbegriff wie der Realbegriff, dürfen nun aber nicht gegeneinander ausgespielt werden; vor allem dürfen sie nicht miteinander verwechselt werden. Vielmehr gilt, ganz analog zum reformatorischen Kirchenbegriff: Das religiös-theologische Idealbild der Dienstgemeinschaft bildet das Prinzip zur Beurteilung und Gestaltung der empirischen Realität der Dienstgemeinschaft. Es soll den Sinn für Gemeinsamkeiten wachhalten, Orientierungen schaffen und Zielvorstellungen entwerfen, zugleich aber das Bewusstsein der Unvollkommenheit des realen Sozialverbandes der Dienstgemeinschaft festhalten und, vor allem, den realen Sozialverband der Dienstgemeinschaft vor religiösen Überhöhungen oder geistlichen Überfrachtungen bewahren.

Der Begriff der Dienstgemeinschaft ist in der beschriebenen und dem Kirchenbegriff entlehnten Weise also ein Komplementärbegriff aus Idealität und Realität. Als solcher hat er konstruktive und kritische Funktionen.

Zuerst zu den konstruktiven Funktionen. Ich nenne nur drei. Zunächst: Der beschriebene Komplementärbegriff der Dienstgemeinschaft erlaubt es, die Besonderheit der diakonischen Dienstgemeinschaft gegenüber anderen Arbeitsgemeinschaften in einer den juristischen Ansprüchen genügenden und zugleich theologisch begründeten Weise zu beschreiben, ohne die einzelnen Mitglieder dieser Dienstgemeinschaft damit im Namen von religiösen Vorgaben oder moralischen Postulaten zum Verzicht auf Rechte oder zur Verleugnung individueller Motivlagen ihrer Mitgliedschaft in der Dienstgemeinschaft zwingen zu wollen oder zu können. Der Komplementärbegriff erlaubt es, das Spezifikum des kirchlich-christlichen Auftrags der Diakonie festzuhalten, ohne sich dem Vorwurf aussetzen zu müssen, dieses als Ideologem mit dem Ziel der Legitimation autoritativer Strukturen einsetzen zu wollen.

Sodann: Als ein aus der komplementären Gestalt des protestantischen Kirchenbegriffes abgeleiteter Begriff dürfte der Begriff der Dienstgemeinschaft der inneren Pluralität der gegenwärtigen Diakonie bzw. der Mitarbeiter in diakonischen Einrichtungen und Unternehmen gerecht werden. Denn die moderne Diakonie ist, um eine vor allem von dem Theologen Karl-Fritz Daiber gepflegte Unterscheidung anzuführen, längst nicht mehr Kommunitätendiakonie, wie dies zum Beispiel in der Mutterhausdiakonie der Fall war. Sie ist auch nicht mehr in erster Linie Vereinsdiakonie, sondern volkskirchliche Diakonie. Das heißt: in ihren Einrichtungen und Unternehmungen spiegelt sich – nicht zuletzt als Folge der Differenzierung, der Professionalisierung und des quantitativen Wachstums der diakonischen Arbeit – die religiös und christlich nur noch sehr schwer auf eine einheitliche inhaltliche Bestimmung zu bringende Vielfalt der Kirchenmitgliedmitgliedschaft ab.[7]

Und schließlich: Der Komplementärbegriff der Dienstgemeinschaft erlaubt es, das Bewusstsein der inneren Verbindung der Zusammenarbeitenden nicht in Abrede stellen zu müssen, wenn gleichwohl auf organisatorischer Ebene Interessenskonflikte sich Geltung verschaffen. Das dürfte zum einen den historischen Sachverhalt erklären, dass selbst der emphatisch vorgetragene Anspruch der Dienstgemeinschaft die Einführung von juristischen Regelungen der Mitarbeiterrechte nicht verhindern konnte und auch gar nicht zu verhindern brauchte. Vor allem aber zeigt sich zum anderen, dass das Auftauchen von Interessenskonflikten und die Notwendigkeit ihrer formalen, rechtlichen Regelung die innerlich begründete Verbindung der Zusammenarbeitenden nicht tangieren müssen und in gewisser Hinsicht auch gar nicht tangieren können.

Das führt schon zu den kritischen Funktionen des komplementär angelegten Begriffs der Dienstgemeinschaft. Hier möchte ich, wiederum in aller Kürze, vier solcher Funktionen ansprechen. Es wird sich zeigen, dass diese vier kritischen Funktionen ein und derselben gedanklichen Grundstruktur folgen. Im Komplementärbegriff der Dienstgemeinschaft ist angelegt, dass die Mitglieder der Dienstgemeinschaft in geistlicher Hinsicht gleichwertig und gleichberechtigt sind, in organisatorischer und funktionaler Hinsicht aber durchaus unterschiedliche Aufgaben, Kompetenzen, Rechte und Interessen haben können.

Diese gedankliche Grundstruktur ist, das lässt sich leicht sehen, wiederum aus dem protestantischen Kirchenbegriff abgeleitet. Das Priestertum aller Gläubigen besagt, dass alle Kirchenmitglieder in geistlicher Hin-

„Dienstgemeinschaft"

sicht gleichrangig sind. Genau deswegen braucht man aber unterschiedliche Begabungen und Bedürfnisse nicht zu verschweigen, sondern kann mit ihnen pragmatisch und transparent umgehen. Denn diese Unterschiede sind nicht Unterschiede des Personwertes, sondern Unterschiede der individuellen Einsetzbarkeit des Einzelnen. Das Priestertum aller Gläubigen bedeutet nicht das Pfarramt aller Gläubigen.

Diese Struktur lässt sich leicht auf die Idee der Dienstgemeinschaft übertragen. Denn der Begriff der Dienstgemeinschaft als Komplementärbegriff aus Idealität und Realität dieser Gemeinschaft suggeriert nicht die Unterschiedslosigkeit der Beteiligten. Er macht deutlich, dass sie in geistlicher Hinsicht einander ebenbürtig sind, im Blick auf ihre Betätigungen in der Einrichtung und für die gemeinsame Arbeit aber durchaus unterschiedlich sein können, das heißt unterschiedliches Gewicht haben dürfen und vor allem unterschiedliche, auch antagonistische Bedürfnisse oder gar Interessen haben können.

In vier Stichworten möchte ich die in dieser gedanklichen Grundfigur angelegten kritischen Funktionen benennen. Kritisch sind diese Funktionen meines Erachtens deswegen, weil sie Gründe artikulieren gegen all die Tendenzen, die in den eingangs genannten Zitaten Anlass gaben, vom Ideologiegehalt des Dienstgemeinschaftsgedankens zu reden. Hier zeigt sich nun, dass der Komplementärbegriff der Dienstgemeinschaft sehr gut gerade *gegen* diese ideologieverdächtigen Momente in Anschlag gebracht werden kann.

Zunächst: Die Idee der diakonischen Dienstgemeinschaft bedeutet nicht die Notwendigkeit, in realitätsverweigernder Weise den Blick auf Kompetenz- und Statusdifferenzen der Mitarbeiter abzublenden.[8] Im Gegenteil eröffnet der Komplementärbegriff die Einsicht, dass die Dienstgemeinschaft in funktionaler Hinsicht eine Gemeinschaft von höchst Ungleichen ist und sein darf. Die religiöse Hinsicht der geistlichen Gleichheit ist zu unterscheiden von der funktionalen Hinsicht der sozialen und intellektuellen Ungleichheit. Natürlich verfügen die Organisationen der modernen diakonischen Einrichtungen über Hierarchien und ihre Effizienz beruht nicht zuletzt auf dem Funktionieren dieser Hierarchien. Trotzdem kann man, wie deutlich geworden sein mag, mit guten Gründen von einer Dienstgemeinschaft aller Beteiligten sprechen.

Sodann: Das Festhalten an der Idee der Dienstgemeinschaft heißt nicht, dass man die Augen verschließen müsste vor einer Folgeerscheinung zunehmender Professionalisierung, nämlich wachsender Gruppenbildungen innerhalb der Mitarbeiterschaft.[9] Dass unter Mitarbeitern, etwa in Krankenhäusern, vergleichsweise selbständige Subsysteme von Angehörigen ähnlicher Profession und Professionalisierungsstufen entstehen und dass diese Subsysteme wachsende Eigeninteressen entwickeln, kann im Rahmen des differenzierten Dienstgemeinschaftsgedankens als eine rationale Konsequenz der Professionalisierung begriffen werden, die nicht automatisch das Bewusstsein des Gemeinsamen und Verbindenden gefährden will oder kann.

„Dienstgemeinschaft"

Des weiteren: Man kann in einer Dienstgemeinschaft sich befinden und gleichwohl konfligierende Vorstellungen von der angemessenen Entlohnung der Tätigkeiten haben. Das ist kein Gegensatz, der die Idee der Dienstgemeinschaft gefährdete. Das Bewusstsein des Gemeinsamen und Verbindenden schließt die pragmatische Auseinandersetzung um Lohn und Rechte nicht aus, auch nicht zwingend die formalisierte Gestalt solcher Auseinandersetzungen.

Und schließlich: Die Idee der Dienstgemeinschaft verlangt nicht die Uniformität der Frömmigkeit. Die in der Dienstgemeinschaft Verbundenen gehören zusammen auch dann, wenn ihre individuellen Frömmigkeiten unterschiedliche sind. Dieses auch für die Dienstgemeinschaft geltende volkskirchliche Prinzip gewinnt seine Bedeutung insbesondere dort, wo es um die religiösen Begründungen für die Dienstgemeinschaft geht. Man kann, aber man muss eben nicht sein Zugehörigkeitsgefühl zur Dienstgemeinschaft abhängig machen von der Inspiriertheit durch den Missionsgedanken, durch die Taufverpflichtung oder durch 1 Petr. 4,10. Es gibt im Protestantismus und mit ihm in der Diakonie auch andere und geistlich gleichwertige fromme Gründe, sich mit anderen zum sozialen Hilfehandeln im Namen des Christentums und damit zur Dienstgemeinschaft zusammenzuschließen. Zur Dienstgemeinschaft gehört, wer die Mitgliedschaft zu ihr erklärt und ihrem Geist nicht zuwiderhandelt. Darüber hinausgehende Bekenntnisprüfungen sind im Protestantismus Sache Gottes, nicht der Dienststellenleiter.

Die These dürfte deutlich geworden sein: Die theologische Rekonstruktion des Begriffs der Dienstgemeinschaft als eines Komplementärbegriffs aus idealen und realen Momenten in Analogie zum protestantischen Kirchenbegriff erlaubt, so meine ich, das theologische Festhalten am Begriff der Dienstgemeinschaft, ohne zugleich die theologische Kritik an diesem Begriff abblenden zu müssen. Es ist, überdies, nun sogar recht einfach, die Gegensätzlichkeit der theologischen Rezeption zu verstehen. Um noch einmal auf die Zitate am Anfang zurückzukommen: Buttlers kritische Haltung gegenüber dem Dienstgemeinschaftsbegriff lässt sich nun verstehen als Widerstand gegen Tendenzen, einen rein ideal gefassten Dienstgemeinschaftsbegriff an die Stelle des realen Begriffs setzen zu wollen und sich damit aller Empirie zu verweigern. Und Schneiders emphatisches Festhalten am Begriff der Dienstgemeinschaft verdankt sich umgekehrt dem Widerstand gegen alle Impulse, die Dienstgemeinschaft ausschließlich aus ihrer real-empirischen Verfasstheit heraus verstehen zu wollen, entsprechend skeptisch zu betrachten und damit jeden Idealbegriff der Dienstgemeinschaft aufzugeben.

Die hier vorgetragene Rekonstruktion aber sollte gezeigt haben, dass es den Begriff der Dienstgemeinschaft sinnvoll nur als Komplementärbegriff aus idealen und realen Momenten geben kann und dass ein je einseitiges Verständnis unzureichend bleiben muss. Und überdies könnte sich gezeigt haben, dass im Alltag der Diakonie sowie im Alltag diakonischer Einrichtungen und

Unternehmungen es eine reale Verwirklichung der Idee der Dienstgemeinschaft nur in der pragmatisch begrenzten Annäherung geben kann, aber eben auch nur in dieser Annäherung zu geben braucht.

Anmerkungen

Anmerkungen zur Einführung in die Themenstellung (S. 1–10)

1 Diakonisches Werk der Evangelischen Kirche in Deutschland e.V. (Hg.): Diakonie in der Einwanderungsgesellschaft. Mitten im Leben. Diakonie Texte – Konzeption – 17.2007, Stuttgart 2007.
2 Diakonisches Werk der Evangelischen Kirche in Deutschland e.V. (Hg.): Interkulturelle Öffnung in den Arbeitsfeldern der Diakonie. Diakonie Texte – Handreichung – 13.2008, Stuttgart 2008.
3 Diakonisches Werk der Evangelischen Kirche in Deutschland e.V. (Hg.): Interkulturelle Öffnung. Zusammenstellung von Stellungnahmen und Arbeitshilfen. Diakonie Texte – Zusammenstellung – 10.2010, Stuttgart 2010.
4 Diakonisches Werk der Evangelischen Kirche in Deutschland e.V. (Hg.): Prozesse interkultureller Öffnung konkretisieren, kommunizieren, kultuvieren. Diakonie Texte – Dokumentation – 08.2011, Stuttgart 2011.
5 Z. B.: http://www.diakonie.de/ohne-beten-geht-es-nicht-4075.htm (letzter Zugriff am 6. Januar 2013).
6 Interkulturelle Öffnung 13.2008 (s.o. Anm. 2), S. 4.
7 Diakonie in der Einwanderungsgesellschaft 17.2007 (s.o. Anm. 1), S. 16.
8 http://www.interkulturell-kompetent.de/de/philosophie.html (Diakonisches Werk in Bayern; letzter Zugriff am 6. Januar 2013).
9 Vgl. zum Folgenden Henrik Simojoki: Globalisierte Religion. Ausgangspunkte, Maßstäbe und Perspektiven religiöser Bildung in der Weltgesellschaft, Tübingen 2012, S. 356 f.
10 Diakonie in der Einwanderungsgesellschaft 17.2007 (s.o. Anm. 1), S. 38.

Anmerkungen

Anmerkungen zu *Alexander-Kenneth Nagel:* Pluralisierung als Chance (S. 11–34)

1 Die verbreitete Metapher einer „Religion im Gepäck" ist treffend, insoweit sie die religiöse Vorprägung von Migrantinnen und Migranten in den Herkunftsländern deutlich macht. Sie kann allerdings auch zu Missverständnissen führen: Religion ist eben kein Gepäckstück, das in der Aufnahmegesellschaft genauso wieder ausgepackt wird, wie es eingepackt wurde. Als Wissensbestand und Symbolsystem werden religiöse Traditionen im Migrationskontext vielmehr neu entdeckt und ausgelegt. Vgl. dazu Alexander-Kenneth Nagel: Von der Leidensgeschichte zum transnationalen Projekt. Religiöse Selbstorganisation und Selbstvergewisserung in der Diaspora am Beispiel des European Council for Fatwa and Research (ECFR), in: Benedikt Kranemann (Hg.): Liturgie und Migration. Die Bedeutung von Liturgie und Frömmigkeit bei der Integration von Migranten im deutschsprachigen Raum, Stuttgart 2012, S. 75–97.
2 Der Tempel und die Situation tamilischer Hindus in Deutschland sind religionswissenschaftlich gut dokumentiert. Vgl. Martin Baumann/Brigitte Luchesi/Annette Wilke (Hg.): Tempel und Tamilen in zweiter Heimat. Hindus aus Sri Lanka im deutschsprachigen und skandinavischen Raum, Würzburg 2003.
3 Die Nachwuchsforschergruppe „Religion vernetzt. Zivilgesellschaftliche und wirtschaftliche Potentiale religiöser Vergemeinschaftung" (Laufzeit: 2009 bis 2014) ist am Centrum für Religionswissenschaftliche Studien in Bochum angesiedelt und wird vom Ministerium für Innovation, Wissenschaft und Forschung des Landes Nordrhein-Westfalen gefördert. Für erste Ergebnisse vgl. Alexander-Kenneth Nagel (Hg.): Diesseits der Parallelgesellschaft. Neuere Studien zu religiösen Migrantengemeinden in Deutschland, Bielefeld 2012.
4 Peter L. Berger: Zur Dialektik von Religion und Gesellschaft. Elemente einer soziologischen Theorie, Frankfurt am Main 1973.
5 In seinen späteren Arbeiten hat Berger die Säkularisierungsprognose allerdings zurückgenommen und spricht nun – im Gegenteil – von einer Gegensäkularisierung, vgl. Peter L. Berger

(Hg.): The Desecularization of the World. Resurgent Religions and World Politics, Washington 1999.
6 Rodney Stark und Roger Finke: Acts of faith. Explaining the human side of religion, Berkeley 2000.
7 http://www.remid.de/index.php?text=info_zahlen (letzter Zugriff am 5. Januar 2013).
8 Die Entstehungshintergründe der Pagode und des Kamadchi-Tempels hat der Religionswissenschaftler Martin Baumann aufgearbeitet: Martin Baumann: Migration – Religion – Integration. Buddhistische Vietnamesen und hinduistische Tamilen in Deutschland, Marburg 2000. Interessant ist dabei, dass es bei der Planung des Hindutempels zu massiven lokalen Konflikten kam, während der Bau der Pagode reibungslos vonstatten ging.
9 Diakonisches Werk der Evangelischen Kirche in Deutschland e.V. (Hg.): Interkulturelle Öffnung in den Arbeitsfeldern der Diakonie. Diakonie Texte – Handreichung – 13.2008, Stuttgart 2008, S. 5.
10 „Kirche und Diakonie gehen davon aus, dass Vielfalt gottgewollt ist. Die Schöpfung Gottes ist auf Vielfalt angelegt. Inmitten einer unerschöpflichen Fülle kreatürlichen Lebens schafft Gott den Menschen, der nur in Beziehung zu anderen seiner Bestimmung zum Bilde Gottes gerecht wird." Diakonisches Werk in Hessen und Nassau e.V.: Interkulturelle Orientierung und Öffnung der Diakonie, o. O. 2009, S. 1.
11 Interkulturelle Öffnung 13.2008 (s. o. Anm. 9), S. 7.
12 Ebd.
13 Diakonisches Werk Berlin – Brandenburg – schlesische Oberlausitz e.V.: Diakonie ist Vielfalt. Interkulturelle Öffnungsprozesse gestalten und unterstützen (Handreichung für die Praxis), Berlin 2011, S. 27.
14 Interkulturelle Orientierung (s. o. Anm. 10), S. 23.

Anmerkungen

Anmerkungen zu *Hans Michael Heinig:* Kirchenrechtliche Herausforderungen (S. 35–64)

1 Instruktiv mit weiteren Nachweisen Christian Waldhoff: Neue Religionskonflikte und staatliche Neutralität. Erfordern weltanschauliche und religiöse Entwicklungen Antworten des Staates? Gutachten D für den 68. Deutschen Juristentag, München 2010, S. D13–D65.
2 Anne-Ruth Wellert: Zuordnung, in: Hans Michael Heinig/Hendrik Munsonius (Hg.): 100 Begriffe aus dem Staatskirchenrecht, Tübingen 2012, S. 293–295. – Anne-Ruth Glawatz [geb. Wellert]: Die Zuordnung privatrechtlich organisierter Diakonie zur evangelischen Kirche. Unter besonderer Berücksichtigung von unternehmerischen Umstrukturierungen in der Diakonie, Frankfurt am Main 2003. – Hendrik Munsonius: Die juristische Person des evangelischen Kirchenrechts, Tübingen 2009, S. 81 ff. und öfter.
3 Einen schnellen Zugriff auf das Kirchenrecht der EKD und vieler ihrer Gliedkirchen erlaubt im Internet das Fachinformationssystem Kirchenrecht (http://fis-kirchenrecht.de/index.php).
4 Die Entscheidung des BAG vom 20.11.2012 Az. 1 AZR 179/11 erzeugt für den Gesamtbereich der Mitwirkung von Gewerkschaften in den Arbeitsrechtlichen Kommissionen einen gewissen Anpassungsbedarf, auf den hier nicht näher eingegangen werden kann.
5 Zu nennen sind insbesondere das Sozial- und Berufsrecht.
6 Ein Sonderproblem bilden Einrichtungen in gemischter Trägerschaft. Es lässt sich auch im Zusammenhang mit Säkularisierungs- und Pluralisierungstendenzen diskutieren. Zum Problemkreis näher Glawatz (s. o. Anm. 2), S. 121 ff.
7 Zur theologischen Interpretation des Begriffs der Dienstgemeinschaft siehe unten S. 93–107.
8 Michael Germann: Kriterien für die Gestaltung einer evangelischen Kirchenverfassung, in: Kirche(n) in guter Verfassung, epd-Dokumentation Nr. 49/2006, S. 24–39, 26.

9 Hans Michael Heinig: Dienstgemeinschaft, in: ders./Hendrik Munsonius (Hg.): 100 Begriffe aus dem Staatskirchenrecht, Tübingen 2012, S. 27-30.
10 Der folgende Abschnitt ist angelehnt an Hans Michael Heinig: Dienstgemeinschaft und Leiharbeit – kirchenrechtliche Probleme eines komplexen Rechtsbegriffs, in: ZevKR 54 (2009), S. 62-75.
11 Sie erfolgte parallel zur Ausweitung kirchlicher Dienstverhältnisse, die wiederum maßgeblich (aber nicht nur) der Einbindung von Diakonie und Caritas in den expandierenden deutschen Sozialstaat der Nachkriegszeit geschuldet war. Daten bei Hermann Lührs: Kirchliche Arbeitsbeziehungen – die Entwicklung der Beschäftigungsverhältnisse in den beiden großen Kirchen und ihren Wohlfahrtsverbänden, in: KuR 12 (2006), S. 124-149, 134.
12 Hermann Lührs: Kirchliche Dienstgemeinschaft. Genese und Gehalt eines umstrittenen Begriffs, in: KuR 13 (2007), S. 220-246, 236. – Siehe auch Gerhard Grethlein: Entstehungsgeschichte des Dritten Weges, in: ZevKR 37 (1992), S. 1-27.
13 Vgl. aus dem theologischen Schrifttum etwa Theodor Herr: Arbeitgeber Kirche, Dienst in der Kirche. Biblische und theologische Grundlagen, Paderborn 1985. – Wolfgang Lienemann: Kirchlicher Dienst zwischen kirchlichem und staatlichem Recht, in: Gerhard Rau/Hans-Richard Reuter/Klaus Schlaich (Hg.): Das Recht der Kirche, Bd. III, Gütersloh 1994, S. 495-530. – Einen Überblick zur früheren rechtstheologischen Kritik, insb. Oswald Nell-Breuning, bei Matthias Hirschfeld: Die Dienstgemeinschaft im Arbeitsrecht der evangelischen Kirche. Zur Legitimitätsproblematik eines Rechtsbegriffs, Frankfurt am Main 1999, S. 60 ff. – Auf empirischer Grundlage skeptisch Heinrich Beyer/Hans G. Nutzinger: Erwerbsgemeinschaft und Dienstgemeinschaft. Arbeitsbeziehungen in kirchlichen Einrichtungen. Eine empirische Untersuchung, Bochum 1991.
14 Vgl. etwa Hans-Richard Reuter: Kirchenspezifische Anforderungen an die privatrechtliche berufliche Mitarbeit in der evangelischen Kirche und ihrer Diakonie, in: Reiner Anselm/Jan Hermelink (Hg.): Der Dritte Weg auf dem Prüfstand. Theo-

Anmerkungen

logische, rechtliche und ethische Perspektiven des Ideals der Dienstgemeinschaft, Göttingen 2006, S. 33–68. – Klaus Tanner: Wem diene ich, wenn ich diene?, a. a. O., S. 117–128. – Michael Haspel: Die kirchenrechtliche Regelung der Anforderungen an die privatrechtliche berufliche Mitarbeit in der EKD und ihres Diakonischen Werkes aus theologischer Perspektive, in: epd-Dokumenation 35/2004, S. 4–30. – Dieter Pflaum: Dienstgemeinschaft – ein Schlüsselbegriff für ein glaubwürdiges diakonisches Unternehmen. Versuch einer konzeptionellen Neubestimmung, Heidelberg 2006.

15 Reuter (s. o. Anm. 38), S. 52 ff. – Zu einer solchen doppelten Dimension bereits Werner Kalisch: Grund- und Einzelfragen des kirchlichen Dienstrechts, in: ZevKR 2 (1952/53), S. 24–63, 32.

16 Ebenso Jacob Joussen: Grundlagen, Entwicklungen und Perspektiven des kollektiven Arbeitsrechts, in: Burkhard Kämper / Hans-Werner Thönnes (Hg.): Das kirchliche Arbeitsrecht vor neuen Herausforderungen. Essener Gespräche zum Thema Staat und Kirche 46, Münster 2012, S. 53–107, 55 ff.

17 So aber Josef Jurina: Die Dienstgemeinschaft der Mitarbeiter des kirchlichen Dienstes, in: ZevKR 29 (1984), S. 171–188 einerseits; Michael Germann / Heinrich de Wall: Kirchliche Dienstgemeinschaft und Europarecht, in: Rüdiger Krause / Winfried Veelken / Klaus Vieweg (Hg.): Recht der Wirtschaft und der Arbeit. Gedächtnisschrift für Wolfgang Blomeyer, Berlin 2004, S. 549–577 andererseits, nach denen die Dienstgemeinschaft ausschließlich die getauften Mitarbeiter umfaßt und die die funktionale Belange der Kirche unberücksichtigt lassen.

18 So z. B. gefordert aus Reihen der Partei Bündnis 90/Die Grünen.

19 Siehe näher Michael Stolleis: Geschichte des öffentlichen Rechts in Deutschland, Bd. 4: Staats- und Verwaltungsrechtswissenschaft in West und Ost, München 2012, S. 337 ff.

20 Ernst-Wolfgang Böckenförde: Die Entstehung des Staates als Vorgang der Säkularisation (1967), in: ders.: Recht, Staat, Freiheit. Studien zur Rechtsphilosophie, Staatstheorie und Verfassungsgeschichte, Frankfurt am Main 1991, S. 92–114, 112.

21 Ernst-Wolfgang Böckenförde: Der säkularisierte Staat. Sein Charakter, seine Rechtfertigung und seine Probleme, München 2007, S. 11 ff.

Anmerkungen

22 Vgl. Hans Michael Heinig: Öffentlich-rechtliche Religionsgesellschaften. Studien zur Rechtsstellung der nach Art. 137 Abs. 5 WRV korporierten Religionsgesellschaften in Deutschland und in der Europäischen Union, Berlin 2003, S. 39 ff.
23 Hans Michael Heinig: „Säkularismus" und „Laizismus" als Anfragen an das säkulare Religionsrecht in Deutschland, in: Lothar Häberle / Johannes Hattler (Hg.): Islam – Säkularismus – Religionsrecht. Aspekte und Gefährdungen der Religionsfreiheit, Heidelberg 2012, S. 79–93.
24 Hans Michael Heinig: Herausforderungen des deutschen Staatskirchen- und Religionsrechts aus verfassungsrechtlicher Sicht, in: Irene Dingel / Christiane Tietz (Hg.): Kirche und Staat in Deutschland, Frankreich und den USA. Geschichte und Gegenwart einer spannungsreichen Beziehung, Göttingen 2012, S. 121–137, 123 ff mit weiteren Nachweisen; speziell zum kirchlichen Arbeitsrecht Christian Walter: Kirchliches Arbeitsrecht vor den Europäischen Gerichten, in: ZevKR 57 (2012), S. 233–262; zur individualrechtlichen Dimension auch Gregor Thüsing: Grund und Grenzen der besonderen Loyalitätspflichten des kirchlichen Dienstes – Gedanken zu den verfassungsrechtlichen Garantien und europarechtlichen Herausforderungen, in: Kämper / Thönnes (s. o. Anm. 40), S. 129–161, 132 ff.
25 S.o. Anm. 4.
26 Für den Hinweis danke ich meinem Mitarbeiter OKR Dr. Hendrik Munsonius.
27 Aus theologischer Sicht siehe dazu in diesem Band den Beitrag von Christian Albrecht: Glaubwürdigkeit auf der Grenze (s. u. S. 65–92).
28 Näher zum römisch-katholischen Verständnis zuletzt Franz-Josef Overbeck: Die Dienstgemeinschaft und das katholische Profil kirchlicher Einrichtungen, in: Kämper / Thönnes (s. o. Anm. 40), S. 7–23.
29 Im Kirchenrecht wird die Unterscheidung häufig verbunden mit Johannes Heckel: Lex charitatis. Eine juristische Untersuchung über das Recht in der Theologie Martin Luthers, München 1953, zweite überarbeitete und erweiterte Auflage Köln 1973.

30 Vgl. Munsonius: Die juristische Person (s. o. Anm. 2), S. 18ff mit weiteren Nachweisen.
31 Max Weber: Gesammelte Aufsätze zur Wissenschaftslehre, Tübingen 1922 (7. Aufl. 1988).

Anmerkungen zu *Christian Albrecht*: Glaubwürdigkeit auf der Grenze (S. 65–92)

1 Es ist darum konsequent, dass die Überlegungen zur interkulturellen Öffnung der Diakonie, die in den Diakonischen Werken angefertigt worden sind (siehe dazu oben S. 1–6), regelmäßig mit theologischen Begründungen dieser interkulturellen Öffnung einsetzen. Es ist aber zugleich so, dass die dort gebotenen theologischen Begründungen insgesamt doch recht mager bleiben.
Denn entweder wird relativ pauschal auf die Offenheit der Diakonie für alle Menschen hingewiesen. Das hört sich dann zum Beispiel folgendermaßen an: „Alle Menschen [sind] [...] von Gott geschaffen und von ihm geliebt. Deshalb gilt die Hilfe der Diakonie allen, unabhängig von Herkunft, Nationalität und Religion." (So: Zuerst der Mensch. Verbandsleitbild für das Diakonische Wert Württemberg, Stuttgart o. J., unveränderter Nachdruck 2009, Erläuterung zur zweiten Leitbildthese.) Es liegt auf der Hand, dass solche Sätze mehr Fragen aufwerfen als sie beantworten – zum Beispiel Fragen nach etwaigen religiösen Hegemonialansprüchen der Hilfeleistenden, Fragen nach ihren Vorstellungen von der Hilfsbedürftigkeit der religiös anders gebundenen Menschen oder Fragen nach ihrem Respekt vor anderen religiösen Bindungen.
Oder es wird die theologische Begründung für die interkulturelle Öffnung in der Rezitation von Bibelstellen gesucht. „Mein Vater war ein umherirrender Aramäer", wird regelmäßig intoniert, es wird auf Jesu Zuwendung zur syrophönizischen Frau verwiesen oder auf seine Entscheidung für Zachäus. So richtig das alles ist, so wenig hilft es doch zur Bewertung und Entscheidung differenzierter Fragen in der alltäglichen Praxis.

Denn das Problem all dieser richtigen, aber recht allgemeinen Mega-Begründungen besteht in folgendem: Nicht nur begründen sie keine konkrete Praxis, sondern sie demonstrieren die Verlegenheit, dass eine differenziertere Begründung für die konkrete Praxis noch nicht gefunden wurde. Ein kleineres, aber genaueres Format der theologischen Begründung wäre also besser.
2 Zum Folgenden vgl. Christian Albrecht (Hg.): Kirche, Tübingen 2011. – Dietrich Rössler: Grundriß der Praktischen Theologie, zweite Auflage Berlin/New York 1994, S. 310 f.
3 Die Bekenntnisschriften der evangelisch-lutherischen Kirche (1930), neunte Auflage Göttingen 1982, S. 530.
4 Dazu vgl. insbesondere den folgenden Beitrag über den theologischen Sinn des Begriffs der Dienstgemeinschaft.
5 Zum Folgenden vgl. Reinhard Turre: Hauptamtliche Mitarbeiterinnen und Mitarbeiter, in: Günter Ruddat/Gerhard K. Schäfer (Hg.): Diakonisches Kompendium, Göttingen 2005, S. 383–392, 385 f.
6 Mündlich überliefert.
7 Aus dem Magazin der Diakonie Michaelshoven, Nr. 6, September 2010.
8 Friedrich Bartels: Zuessow 1990 – Start in die Diakonie, S. 5, auf www.grieppommer.de (letzter Zugriff am 5. Januar 2013).
9 Siehe dazu den Beitrag von Alexander-Kenneth Nagel in diesem Band.

Anmerkungen zu *Christian Albrecht*: „Dienstgemeinschaft" (S. 93–107)

1 Siehe dazu auch Hans Michael Heinig in diesem Band oben S. 35–64.
2 Hermann Lührs: Kirchliche Dienstgemeinschaft. Genese und Gehalt eines umstrittenen Begriffs, in: KuR 13 (2007), S. 220–246.
3 Vgl. z.B. Gottfried Buttler: Art. Kirchliche Berufe, in: Theologische Realenzyklopädie 19 (1990), S. 191–213. – Martin Sauer: Ein kleines Stück der Vision Jesu. Diakonie und ihre Mitarbeite-

rinnen und Mitarbeiter, in: Michael Schibilsky (Hg).: Kursbuch Diakonie. Ulrich Bach zum 60. Geburtstag, Neukirchen 1991, S. 309–322. – Karl-Fritz Daiber: Die diakonische Anstalt als Dienstgemeinschaft, in: WzM 44 (1992), S. 193–204.
4 Buttler: Art. Kirchliche Berufe (s. o. Anm. 3), S. 210. – Sehr viel emotionaler und klassenkämpferischer formulierte ein Jahr später der Theologe Martin Sauer: „Ohne Zweifel ist der Begriff ‚Dienstgemeinschaft' dann, wenn er für die Gesamtheit aller Mitarbeiter einer Einrichtung gedacht ist [...], ein ideologischer – wobei ich unter Ideologie jenes meist apologetische (also das Bestehende verteidigende) Bewußtsein verstehe, das die Aufgabe hat, die konkrete gesellschaftliche Situation so zu verschleiern, daß sie von der Masse als gerecht und vernünftig angesehen wird, obwohl sie in Wirklichkeit nur im Sinne derer, die die Macht haben, ‚vernünftig' ist." (Sauer [s. o. Anm. 3], S. 317.)
5 Nikolaus Schneider: Vortrag „Faire Arbeitsbedingungen durch den Dritten Weg – Aktuelle Anforderungen an das kirchliche Arbeitsrecht" am 5. März 2012 in Eichstätt, http://www.ekd.de/download/120305_faire_arbeitsbedingungen_durch_den_dritten_weg.pdf, letzter Zugriff am 6. Januar 2013, unpag. S. 3. – Gegenwärtig wird der theologisch konzipierte Begriff der Dienstgemeinschaft auch im Zusammenhang der Überlegungen nach der Integration von nicht kirchlich gebundenen Mitarbeiter wiederentdeckt und als Integrationsbegriff hochgeschätzt, etwa im Zusammenhang der Suche nach einer „Dienstgemeinschaft mit anderen" (so der Titel einer Konsultation der Diakonie in Hessen und Nassau, dokumentiert unter http://diakonie-hessen-nassau.de/fileadmin/Dateien/Presse/Publikationen/Doku_Dienstgemeinschaft%20mit%20Anderen.pdf, letzter Zugriff am 6. Januar 2013). Vorausgesetzt wird dort: „‚Dienstgemeinschaft' ist als theologischer Leitbegriff unverzichtbar. Er bringt die Überzeugung zum Ausdruck, dass Gott Menschen in Dienst nimmt. Die Füllung dieser Glaubens- oder Bekenntnisaussage unterliegt dem Selbstbestimmungsrecht der Kirchen, ist also nicht von anderen zu beurteilen." (a. a. O., S. 14.) Unter dieser Bedingung kann dann das Konzept einer „interkulturelle[n], oder gar interreligiöse[n] Dienstgemeinschaft" entworfen werden (a. a. O., S. 8).

Anmerkungen

6 Mitarbeitervertretungsgesetz der EKD (MVG.EKD) vom 6. November 1992 in der Fassung der Bekanntmachung vom 1. Januar 2004, zuletzt geändert durch Kirchengesetz vom 29. Oktober 2009, Präambel.
7 Vgl. z. B. Daiber: Die diakonische Anstalt als Dienstgemeinschaft (s. o. Anm. 3), S. 199.
8 Dazu vgl. auch a. a. O., S. 197.
9 Dazu vgl. auch a. a. O., S. 198.

Personenverzeichnis

Anselm, Reiner 113
Bach, Ulrich 118
Bartels, Friedrich 78, 117
Baumann, Martin 110, 111
Berger, Peter L. 16, 110
Beyer, Heinrich 113
Böckenförde, Ernst-Wolfgang 51, 114
Buber, Martin 27
Buttler, Gottfried 95, 106, 117, 118
Daiber, Karl-Fritz 101, 118, 119
de Wall, Heinrich 114
Dingel, Irene 115
Finke, Roger 16, 111
Germann, Michael 44, 112, 114
Glawatz (geb. Wellert), Anne-Ruth 112
Grethlein, Gerhard 113
Häberle, Lothar 115
Haspel, Michael 114
Hattler, Johannes 115
Heckel, Johannes 115
Hermelink, Jan 113
Herr, Theodor 113
Hirschfeld, Matthias 113
Joussen, Jacob 114
Jurina, Josef 114
Kalisch, Werner 114
Kämper, Burkhard 114, 115
Kranemann, Benedikt 110

Krause, Rüdiger 114
Lienemann, Wolfgang 113
Luchesi, Brigitte 110
Lührs, Hermann 113, 117
Luther, Martin 73, 84, 115
Munsonius, Hendrik 112, 113, 115, 116
Nell-Breuning, Oswald 113
Nutzinger, Hans G. 113
Pflaum, Dieter 114
Rau, Gerhard 113
Reuter, Hans-Richard 47, 113
Reuter, Hans-Richard 113, 114
Rössler, Dietrich 117
Ruddat, Günter 117
Sauer, Martin 117, 118
Schäfer, Gerhard K. 117
Schibilsky, Michael 118
Schlaich, Klaus 113
Schneider, Nikolaus 95, 106, 118
Simojoki, Henrik 109
Stark, Rodney 16, 111
Stolleis, Michael 114
Tanner, Klaus 114
Thönnes, Hans-Werner 114, 115
Tietz, Christiane 115
Turre, Reinhard 117
Veelken, Winfried 114
Vieweg, Klaus 114

Personenverzeichnis

Waldhoff, Christian 112
Walter, Christian 115

Weber, Max 63, 116
Wilke, Annette 110

Autoren

Christian Albrecht, geb. 1961, ist Inhaber des Lehrstuhls für Praktische Theologie an der Evangelisch-theologischen Fakultät der Ludwig-Maximilians-Universität München.

Hans Michael Heinig, geb. 1971, ist Inhaber des Lehrstuhls für Öffentliches Recht, insbesondere Kirchenrecht und Staatskirchenrecht an der Georg-August-Universität Göttingen und Leiter des Kirchenrechtlichen Instituts der Evangelischen Kirche in Deutschland.

Alexander-Kenneth Nagel, geb. 1978, ist Juniorprofessor für Sozialwissenschaftliche Religionsforschung am Centrum für Religionswissenschaftliche Studien der Ruhr-Universität Bochum.